essentials

essentials liefern aktuelles Wissen in konzentrierter Form. Die Essenz dessen, worauf es als „State-of-the-Art" in der gegenwärtigen Fachdiskussion oder in der Praxis ankommt. *essentials* informieren schnell, unkompliziert und verständlich

- als Einführung in ein aktuelles Thema aus Ihrem Fachgebiet
- als Einstieg in ein für Sie noch unbekanntes Themenfeld
- als Einblick, um zum Thema mitreden zu können

Die Bücher in elektronischer und gedruckter Form bringen das Expertenwissen von Springer-Fachautoren kompakt zur Darstellung. Sie sind besonders für die Nutzung als eBook auf Tablet-PCs, eBook-Readern und Smartphones geeignet. *essentials:* Wissensbausteine aus den Wirtschafts-, Sozial- und Geisteswissenschaften, aus Technik und Naturwissenschaften sowie aus Medizin, Psychologie und Gesundheitsberufen. Von renommierten Autoren aller Springer-Verlagsmarken.

Weitere Bände in der Reihe http://www.springer.com/series/13088

Axel Mittelstaedt

IP-Management à la Norm

Erläuterungen zur neuen DIN 77006

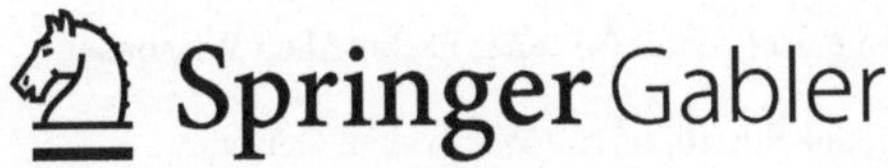

Axel Mittelstaedt
Köln, Deutschland

ISSN 2197-6708   ISSN 2197-6716   (electronic)
essentials
ISBN 978-3-658-31319-7   ISBN 978-3-658-31320-3   (eBook)
https://doi.org/10.1007/978-3-658-31320-3

Die Deutsche Nationalbibliothek verzeichnet diese Publikation in der Deutschen Nationalbibliografie; detaillierte bibliografische Daten sind im Internet über http://dnb.d-nb.de abrufbar.

© Der/die Herausgeber bzw. der/die Autor(en), exklusiv lizenziert durch Springer Fachmedien Wiesbaden GmbH, ein Teil von Springer Nature 2020
Das Werk einschließlich aller seiner Teile ist urheberrechtlich geschützt. Jede Verwertung, die nicht ausdrücklich vom Urheberrechtsgesetz zugelassen ist, bedarf der vorherigen Zustimmung des Verlags. Das gilt insbesondere für Vervielfältigungen, Bearbeitungen, Übersetzungen, Mikroverfilmungen und die Einspeicherung und Verarbeitung in elektronischen Systemen.
Die Wiedergabe von allgemein beschreibenden Bezeichnungen, Marken, Unternehmensnamen etc. in diesem Werk bedeutet nicht, dass diese frei durch jedermann benutzt werden dürfen. Die Berechtigung zur Benutzung unterliegt, auch ohne gesonderten Hinweis hierzu, den Regeln des Markenrechts. Die Rechte des jeweiligen Zeicheninhabers sind zu beachten.
Der Verlag, die Autoren und die Herausgeber gehen davon aus, dass die Angaben und Informationen in diesem Werk zum Zeitpunkt der Veröffentlichung vollständig und korrekt sind. Weder der Verlag, noch die Autoren oder die Herausgeber übernehmen, ausdrücklich oder implizit, Gewähr für den Inhalt des Werkes, etwaige Fehler oder Äußerungen. Der Verlag bleibt im Hinblick auf geografische Zuordnungen und Gebietsbezeichnungen in veröffentlichten Karten und Institutionsadressen neutral.

Planung/Lektorat: Manuela Eckstein
Springer Gabler ist ein Imprint der eingetragenen Gesellschaft Springer Fachmedien Wiesbaden GmbH und ist ein Teil von Springer Nature.
Die Anschrift der Gesellschaft ist: Abraham-Lincoln-Str. 46, 65189 Wiesbaden, Germany

Was Sie in diesem *essential* finden können

- Erkenntnisse zu dem Thema, wie im Rahmen des Managements des Gesamtunternehmens ein integriertes IP-Managements (IPM) entstehen kann, das die Anforderungen der DIN-Norm 77006 „Intellectual Property Management" erfüllt und das Attribut qualitätsvoll verdient.
- Wissen darüber, wie nach neuesten Erkenntnissen entsprechend der DIN-Norm 77006 „Intellectual Property Management – Anforderungen" ein qualitätsvolles IPM im Unternehmen aufgebaut und implementiert werden kann.
- Anregungen zur Überlegung, welche Maßnahmen sachlicher, organisatorischer und personalpolitischer Art im Unternehmen zu treffen sind, um ein qualitätsvolles, integriertes IPM entstehen zu lassen.

Vorwort

Die Kombination einer marktorientierten Unternehmensführung (Marketing) mit der systematischen Nutzung der gesetzlichen Verbietungsrechte[1] des Gewerblichen Rechtsschutzes bietet den anwendenden Unternehmen eine wahrhaft einzigartige Ausgangsposition, um Erfolg im Wettbewerb zu erringen: Indem der vom Unternehmen seinen Zielgruppen angebotene und von denen wahrgenommene besondere Kundennutzen zum Gegenstand solcher exklusiven, gerichtlich durchsetzbaren Rechte gemacht wird, erwirbt der Wirtschaftsbetrieb die Möglichkeit, ein real wirkendes Monopol auf den angebotenen Kundennutzen zu erlangen und im Wettbewerb durchzusetzen.[2]

Unternehmen können diese exklusive – nämlich Wettbewerber exkludierende – Möglichkeit machtvoll nutzen, wenn sie ihr geistiges Eigentum (engl. Intellectual Property, kurz IP) nach den Grundsätzen des IP-Managements (IPM) aufbauen, handhaben und nutzen. Entscheidend dafür ist ein kontextueller, integrierter Umgang mit der IP-Persönlichkeit des Unternehmens im Zusammenwirken

---

[1]Verbietungsrechte: Dabei handelt es sich in erster Linie um das Recht, von einem rechtswidrig Handelnden zu verlangen, dass er das lässt (Unterlassungsanspruch). Das kann sehr schnell erwirkt (einstweilige Verfügung!) und wirkungsvoll durchgesetzt werden (empfindliche Ordnungsgelder und sonstige Strafen). Dann aber tritt eine ganze Reihe von weitgehenden Rechten (Ansprüchen) hinzu, die bei Verletzungen gesetzlich geschützter Positionen ausgelöst werden. Die attraktive Fülle des gesetzlich gewährten Sanktionenbouquets macht es überaus interessant, es zum Schutz des offerierten Kundennutzens zu aktivieren. Näher dazu bei den Erläuterungen zu Abschn. 2.1 „Anwendungsbereich" der Norm DIN 77006.

[2]Es wird natürlich nicht verkannt, dass die Gesetze ein Monopol auf einen Kundennutzen im strengen rechtlichen und wirtschaftswissenschaftlichen Sinn nicht gewähren. Doch die griffige Verbildlichung macht deutlich, um welche wichtige – mittelbare – Wirkung es bei der Gewährung und systematischen, strategischen Nutzung von Verbietungsrechten geht.

mit anderen Unternehmensdisziplinen, insbesondere der Unternehmenskommunikation und da vorrangig dem Marketing. Eine in diesem Sinne gestaltete und gelebte Unternehmenskonzeption wird zukünftig im steigenden Maß zum Unternehmenserfolg beitragen.

Auf eine derartige Vorgehens- und Arbeitsweise zielt die DIN-Norm 77006 „Intellectual Property Management systeme – Anforderungen" ab. In einem anfänglichen Entwurf wies der Normtext noch das Titelwort „Leitfaden" auf. Dieses hatte hier nicht die Bedeutung von „Anleitung" zum Aufbau solcher Qualität. Vielmehr kann die Norm auch verstanden werden als „Leitfaden für die Bestimmung und Prüfung der Qualität im Intellectual Property Management". Eine regelrechte Anleitung zur Installation und Durchführung eines Intellectual Property Management (kurz IPM) in einem Unternehmen oder gar zum Aufbau einer IPM-Abteilung kann nicht Gegenstand einer DIN-Norm sein, mag ihr auch der eine oder andere Hinweis hierauf entnommen werden können. Solche Hilfestellung will auch diese Ausarbeitung nicht leisten, die sich darauf beschränkt, einige Erläuterungen zum Inhalt dieser Norm zu geben. Darstellungen in der Art von praktischen IPM-Anleitungen oder IPM-Ratgebern liegen vor[3] und müssen i. Ü. anderen zukünftigen Werken vorbehalten bleiben, die die Norm DIN 77006 kommentieren und Erfahrungen mit ihrer Anwendung auswerten.

Die Anwendbarkeit der Norm DIN 77006 setzt dreierlei voraus: Als erstes, dass die potenziellen Adressaten der Norm über geistiges Eigentum verfügen. Als zweites, dass sie dieses Eigentum managen. Drittens wird vorausgesetzt, dass es für das Unternehmen sinnvoll ist oder sogar ein Bedürfnis danach besteht, damit qualitätsvoll umzugehen.

Diese drei Voraussetzungen sind grundsätzlich bei allen Unternehmen in ihrer unternehmerischen Wirklichkeit erfüllt, was den einen oder anderen überraschen mag. Denn jedes Unternehmen besitzt geistiges Eigentum, und sei es nur in Form seines Namens und seines auch immer vorhandenen speziellen eigenen Know-hows. Und irgendwie wird das IP des Unternehmens auch gehandhabt

---

[3]Der Autor selbst hat bereits 2009 zu dieser Thematik Stellung genommen im Buch „Strategisches IP-Management – mehr als nur Patente: Geistiges Eigentum schützen und als Wettbewerbsvorsprung nutzen" (Mittelstaedt 2009); 2012 erschien das Buch „Intellectual Property Management – Wie IP aufgebaut, bewirtschaftet und wertschöpfend eingesetzt wird" von Münch/Ziese (Hrsg.) (Münch und Ziese 2012); daneben ist unbedingt hinzuweisen auf Stauf, „Ganzheitliches Intellectual Property Management im Unternehmen" (Stauf 2016), und auf Wurzer/Grünewald/Berres, „Die 360° IP-Strategie" (Wurzer et al. 2016).

bzw. gemanagt, wie auch immer. Allerdings geschieht das eben oftmals nur mehr oder weniger systematisch und nicht unbedingt immer streng orientiert an den strategischen Vorgaben der Unternehmensführung. Das wird den unternehmerischen Notwendigkeiten nicht gerecht. Sie verpflichten Unternehmen auf Qualität. Das Streben nach Qualität ist unternehmensinhärent und macht selbstverständlich auch vor dem Umgang der Unternehmen mit ihrem IP nicht halt.

Potenzielle Adressaten der Norm DIN 77006 sind daher grundsätzlich alle Unternehmen, da es schlechthin nicht vorstellbar ist, dass ein Unternehmen nicht davon profitieren könnte, sein IPM zu optimieren. Gleichwohl wird die Mehrzahl der Unternehmen, für die die Beachtung der Norm von Interesse sein wird, dem mittelständischen Bereich angehören. Sie haben zumeist noch keine Unternehmensstrukturen aufgebaut, die allein zuständig sind für das Management des geistigen Eigentums und das verantworten müssen, und verfügen bislang nicht über IPM-Know-how. Auch wenn sie ein Qualitätsmanagementsystem installiert haben, was auch nicht selbstverständlich ist, sind womöglich keine ausreichend geeigneten Prozesse zur Sicherung einer hohen Qualität des IPM etabliert. Mehr als für größere Unternehmen mit solchen Qualitätsmanagementsystemen und eigenen IP-Fachabteilungen bietet die Norm den Unternehmen des Mittelstandes die Chance und Gelegenheit, die Qualität ihres IPM zu überprüfen und ggf. deutlich zu verbessern.

Der Anwendungsbereich der Norm DIN 77006, deren Beachtung und Anwendung ohnehin nur freiwillig ist, lässt sich nicht auf bestimmte Adressaten festlegen und ergibt sich allein aus der Sache und der Überzeugungskraft des Qualitätsanliegens und der Fähigkeit der Norm, Vorstellungen zu vermitteln, wie die Qualität des IPM in Unternehmen gefördert werden kann.

Die Bestandteile des geistigen Eigentums (Marken, Patente etc.) nehmen als immaterielle Vermögensgüter am Unternehmensvermögen teil. Sie machen nachgewiesenermaßen in immer größerem Umfang das Unternehmensvermögen aus. Wie alle anderen Teile dieses institutionellen Vermögens ist das geistige Eigentum zu pflegen und nach Möglichkeit zu mehren. Grundsätzlich findet dieser Vorgang der Pflege und des Auf- und Ausbaus des geistigen Eigentums auch durchaus in den allermeisten, wenn nicht allen Unternehmen statt. Bei der Behandlung des geistigen Eigentums bzw. seiner einzelnen Bestandteile können, was nicht überall bekannt ist, die Mittel und Werkzeuge des strategischen, integrierten IPM angewandt werden. Es versteht sich von selbst, dass das IPM eines Wirtschaftsbetriebs grundsätzlich immer verbesserungsbedürftig und auch verbesserungsfähig ist – und stets bleibt. Die Norm 77006 DIN schlägt einen Anforderungskatalog für eine methodische Verfolgung der Belange und eine

Optimierung des IPM vor. Zugleich kann man die Norm auch als Leitfaden[4] verstehen, nach dem man sich richten kann, wenn das IPM aufgebaut oder optimiert werden soll.

Die Norm 77006 DIN macht es erstmalig möglich, dass das IPM eines Unternehmens, ohne Rücksicht auf seine Branche, auditierbar und zertifizierbar bzw. einem Audit und einer Zertifizierung zugänglich wird. Mit der Anwendung der Norm und der Möglichkeit eines Audits besitzen die Unternehmen von nun an ein Werkzeug, ihr gesamtes IPM besser steuerbar und auch leichter kontrollierbar als bisher zu gestalten und ihre Resultate hierbei ggf. zusätzlich sachverständig und unabhängig bestätigt zu erhalten. Das Unternehmen wird im Ergebnis wertvoller, nicht nur weil der Wert seines IP steigt.

Diese Erläuterungen stellen einen ersten schriftlichen Versuch dar, die Bedeutung der Norm 77006 DIN darzustellen und einen zumindest summarischen Überblick über ihren Inhalt zu gewähren. Eine vertiefende Analyse der Norm muss einer ausführlicheren Betrachtung vorbehalten werden.

Axel Mittelstaedt

---

[4]Der Entwurf der Norm hatte, wie gesagt, das Wort „Leitfaden" noch im Titel.

Inhaltsverzeichnis

Einleitung 1

Das Thema der DIN-Norm 77006 ist der qualitätsvolle Umgang mit dem geistigen Eigentum (3.17)[1] in „Organisationen" (3.3), worunter pragmatisch in erster Linie Wirtschaftsbetriebe zu verstehen sein werden. Es handelt sich ihrer Natur nach um eine Qualitätsnorm mit „High Level Structure" im Sinne der von ISO[2] eingeführten Grundstruktur für Managementsystemnormen. Sie orientiert sich an den Inhalten der DIN EN ISO 9001:2015-11 für den Bereich der Qualität im Intellectual Property Management (IPM).

Den Begriff der Qualität selbst – in ihrer erforderlichen oder anzustrebenden Erscheinungsform – definiert die Norm nicht. Das erscheint auch nicht als erforderlich, da das Niveau einer hinreichenden Qualität im Intellectual Property Management als erreicht anzusehen ist, wenn die Anforderungen der Norm DIN 77006 im konkreten Fall eines bestimmten Wirtschaftsbetriebs uneingeschränkt erfüllt werden. Stattdessen wird der Begriff der Konformität (3.12) als „Erfüllung einer Anforderung" definiert. Diese Verwendung von „Konformität" ist normgemäß, denn dieser Begriff ist, anders als der der „Qualität", auditierbar. Auch bei dieser Norm darf nie vergessen werden, dass sie die Grundlage für Auditierungen sein soll. Für die Normanwendung muss sichergestellt sein, dass unschwer überprüfbar ist, ob die Anforderungen erfüllt werden.

Dabei stellt der Anforderungskatalog der DIN-Norm 77006 eine Zusammenstellung von bloßen Mindestanforderungen dar. Werden sie von einem Wirtschaftsbetrieb ausnahmslos erfüllt, kann ihm jedenfalls nicht (mehr) der Vorwurf

---

[1]Hinweise wie dieser beziehen sich auf die Abschnittsnummerierung der DIN-Norm 77006.

[2]ISO = International Organization for Standardization.

© Der/die Herausgeber bzw. der/die Autor(en), exklusiv lizenziert durch Springer Fachmedien Wiesbaden GmbH, ein Teil von Springer Nature 2020
A. Mittelstaedt, *IP-Management à la Norm,* essentials,
https://doi.org/10.1007/978-3-658-31320-3_1

gemacht werden, sich um die Anforderungen an ein qualitätsvolles IPM überhaupt nicht gekümmert oder bemüht zu haben. Ob aber gerade sein IPM nach den besonderen Umständen und Gegebenheiten seines speziellen, unverwechselbaren Wirtschaftsbetriebs optimal qualitätsvoll ist, ist nicht schon dann gesichert, wenn das Unternehmen sich entschlossen hat, sein IPM an den Vorgaben dieser Norm auszurichten und durch eine Überprüfung ausschließlich und allein nach den Anforderungen der Norm zu testen oder bewerten zu lassen. Ob das IPM eines konkreten Unternehmens qualitativ hochstehend ist, kann allenfalls im Rahmen einer gezielten Einzelauditierung geklärt werden, der die Anforderungen dieser Norm zugrunde gelegt werden können, auch wenn sie auf die Allgemeinheit aller Unternehmen ausgerichtet sind.

Wird dabei festgestellt, dass die Anforderungen der DIN-Norm 77006 nicht erfüllt werden, die Mindestanforderungen sind, ist daraus zu schließen, dass im Unternehmen hinsichtlich des qualitätsvollen Umgangs mit dem geistigen Eigentum Defizite bestehen, die auf bestehende, zumeist ernste Probleme hinweisen, welche schadensursächlich werden können.

Es geht damit – zumindest immer auch – um die Einhaltung der Sorgfaltsanforderungen bei denjenigen Maßnahmen, die das Management des geistigen Eigentums in Wirtschaftsbetrieben in concreto darstellen bzw. ausmachen.

Das wirft die Haftungsthematik des § 276 Abs. 2 BGB auf („Fahrlässig handelt, wer die im Verkehr erforderliche Sorgfalt außer Acht lässt."). Diese Gesetzesvorschrift stellt einen objektiv-abstrakten Sorgfaltsmaßstab auf, der von einem im Einzelfall angerufenen Gericht frei nachgeprüft werden kann. In solchen Fälle wird es immer um Fragen der Verantwortung für erlittene Nachteile oder eingetretenen Schäden gehen, womit die Thematik von Risiken und versicherungstechnisch eingedecktem Schutz aufgerufen ist.

§ 276 Abs. 2 BGB beinhaltet ein sog. ausfüllungsbedürftiges gesetzgeberisches Blankett. Zur Ausfüllung kann und ggf. muss auf anerkannte Regelwerke zurückgegriffen werden, wobei sie als anerkannt zu gelten haben, wenn sie maßgebende technische Regeln beinhalten. Maßgebend sind sie dann, wenn sie von Experten verfasst und von fachkundigen Verkehrskreisen als autoritativ anerkannt sind. Für DIN-Normen hat der BGH das mehrfach anerkannt und sie als maßgebende technische Regeln eingestuft (BGHZ 103, 341; 139, 17; NJW-RR 2005, 386).

Damit sind die DIN-Norm 77006 und ihre Befolgung nicht nur für die ihr IP managenden Unternehmen von Bedeutung, sondern auch bedeutsam für die Versicherungswirtschaft, soweit es beim IP-Management um die Reduzierung von versicherten Risiken des betreffenden Wirtschaftsbetriebs in diesem Bereich geht. Das Attest der Normerfüllung durch einen Audit ist aber nicht nur in diesem

Zusammenhang von Bedeutung und Wert, sondern auch mit Blick auf vertragliche Beziehungen von Geschäftspartnern. Weiß z. B. ein großes Industrieunternehmen aufgrund von Auditierungen und Zertifizierungen des Zulieferers, dass dieser sich sachgerecht um optimalen Patentschutz bemüht, sinkt beim Einsatz der Produkte dieses Zulieferers sein eigenes Risiko im Bereich denkbarer Patentverletzungen.

Die Anwendung der DIN-Norm 77006 dient aber jedenfalls mittelbar auch der Mehrung des Unternehmensvermögens. Dieser kapitalorientierte Bezug des IPM ist für alle von Belang, die als Anleger das Unternehmen fördern, das IPM betreibt.

Soweit IPM als Mittel der Erwirtschaftung von Innovationsrenditen betrieben wird, besteht ein direkter ertragsfinanzieller Bezug zwischen IPM und der Entwicklung der Wettbewerbsstärke des Unternehmens und seines Werts. Auch das macht die zukunftsorientierte Bedeutung des qualitätsvollen IPM aus.

Ein Blick auf die Gliederung der DIN-Norm 77006 vermittelt interessante Ersteindrücke. Zunächst stellt die Einleitung klar, in Bezug auf welche Themen des IPM (0.1) seine Ziele (0.2) verfolgt werden und welche Erfolgsfaktoren (0.3) dabei einzusetzen sind. Sodann wird im Abschnitt 1 der Anwendungsbereich der Norm geklärt. Er ist denkbar weit. In ihn fallen alle Organisationen, die über geistiges Eigentum verfügen und es handhaben. Im Abschnitt 2 wird auf die Stellung der Norm in der Hierarchie der Normen zu den bestehenden Qualitätsmanagementsystemen hingewiesen. Abschnitt 3 erklärt die in der Norm verwendeten Begriffe und unterstützt maßgeblich die Orientierung in der Problematik. Abschnitt 4 beleuchtet den Gesamtkontext eines Unternehmens, den zu verstehen für das Gelingen eines IPM maßgeblich sein kann. Den gesamten Abschnitt 5 widmet die Norm dem sehr wichtigen Thema der Bedeutung der Führung (der Organisation, des Unternehmens) in Bezug auf das betriebene IPM. Die Abschnitt 6 (Planung), 7 (Unterstützung) und 8 (Erbringung von IP-Leistungen) wenden sich der eigentlichen produktiven IPM-Arbeit zu. Folgerichtig richtet Abschnitt 9 sodann den Fokus auf die „Bewertung der Leistung" und Abschnitt 10 thematisiert den Aspekt der Verbesserung der gemäß Abschnitt 9 bewerteten Ergebnisse des IPM.

Der äußerst informative Anhang A der Norm 77006 nimmt als „Anleitung zur Anwendung ..." direkt Bezug auf jede einzelne ihrer Bestimmungen und erläutert sie, nachdem der Normtext selbst bereits eine Vielzahl von Anmerkungen aufwies, die das Verständnis erleichterten.

Erläuterungen der Bestimmungen der DIN-Norm 77006

2.1 Abschnitt 1 Anwendungsbereich

2.1.1 A

Im Visier der DIN-Norm 77006 ist ohne jede Einschränkung das gesamte IP-Management eines Wirtschaftsbetriebs. Dabei unterstellt die Norm die Sinnhaftigkeit eines IP-Managements (IPM). Zu Recht. Denn ein aktives qualifiziertes IPM ist in der Lage, das geistige Eigentum eines Unternehmens konsequent zu nutzen, seinen Schutz zu optimieren, seine Wettbewerbsstärke zu steigern, den Unternehmenswert zu mehren und wesentlich dazu beizutragen, die Zukunft des Unternehmens zu sichern. IPM ermöglicht die Schaffung und Gestaltung von geistigem Eigentum, die Kapitalisierung von Elementen des geistigen Eigentums und deren Konvertierung in alternative Wirtschaftsgüter.

Die Erläuterung des Anwendungsbereichs der Norm im Abschnitt 1 betont und postuliert schon an dieser herausgehobenen Stelle des Leitfadens die Ausrichtung des IPM an der Gesamtstrategie des Unternehmens (Organisation). Das erscheint angemessen und zutreffend, da Fehlentwicklungen und -entscheidungen im Bereich des IPM seine ganze Unternehmensstrategie konterkarieren können. Man denke nur an Entwicklungs- und Expansionsstrategien, die deswegen auf Sand gebaut sind, weil die ihnen zugrunde liegenden Schutzrechte, etwa Patente, nicht ausreichend bestandskräftig sind und beim ersten Nichtigkeitsangriff in sich zusammenfallen und dem Schutzrechtsinhaber mithilfe der Gerichte aus der Hand geschlagen werden.

Das zeigt den systemischen Charakter des IPM: Das Management des geistigen Eigentums eines Wirtschaftsbetriebs ist ein Element des Gesamtsystems Unternehmen. Dieses Systemelement ist zusammen mit anderen Systemteilen

© Der/die Herausgeber bzw. der/die Autor(en), exklusiv lizenziert durch Springer Fachmedien Wiesbaden GmbH, ein Teil von Springer Nature 2020
A. Mittelstaedt, *IP-Management à la Norm*, essentials, https://doi.org/10.1007/978-3-658-31320-3_2

untereinander wechselseitig verbunden. Sie sind voneinander abhängig und stehen zueinander wechselwirkend innerhalb dynamischer Unternehmensprozesse.

Zu Recht hebt deswegen der Text der Norm schon im Abschnitt 1 „Anwendungsbereich" die bedeutsame Beziehung zwischen dem IPM und den davon betroffenen Unternehmensprozessen, der betrieblichen Wertschöpfung und dem durch sein Geschäftsmodell (3.16) charakterisierten Wirtschaftsbetrieb hervor.

Ein normkonformes IP-Management ist in der Tat

- geschäftsmodellorientiert
- wertschöpfungsorientiert
- prozessorientiert

Was ist jeweils darunter zu verstehen?

a) **Geschäftsmodellorientiert:** Jedes Unternehmen ist bestrebt, die Idee seines ganz eigenen Geschäftsmodells[1] (3.16) Wirklichkeit werden zu lassen. Dabei hat ihm sein IP-Management zu dienen. Demzufolge müssen die im IP-Management Verantwortlichen diejenigen Entscheidungen treffen und Prozesse betreiben, die am intensivsten und nachhaltigsten dazu beitragen, das Geschäftsmodell umzusetzen. Maßnahmen und Vorgänge, die nicht im gleichen Maße dazu beitragen, sind verhaltener zu betreiben oder zurückzustellen. Die DIN-Norm 77006 hebt im besonderen Maß die Erforderlichkeit der Geschäftsmodellorientierung des IPM hervor. Von besonderer Relevanz ist dabei die Anforderung gemäß 5.1.2 zur Frage der IP Strategie, dass diese „aus dem Geschäftsmodell abgeleitet ist" und zur Erreichung der Strategieziele sicherstellen muss, dass diese Ziele ebenfalls geschäftsmodellbasiert sind. Dasselbe gilt auch für die Wege, die das Unternehmen zur Zielerreichung einzuschlagen gedenkt.

b) **Wertschöpfungsorientiert:** Unternehmerisches Handeln hat zum Ziel, innerhalb der Grenzen des Rechts und – im Interesse der Nachhaltigkeit – auch mit einer gewissen Gemeinwohlorientierung Geld zu verdienen und das Unternehmensvermögen zu mehren. Daraus folgt, dass sich das IP-Management

---

[1]Definition des Begriffs Geschäftsmodell gem. Gabler Wirtschaftslexikon (2018): „Ein Geschäftsmodell (…) ist eine modellhafte Repräsentation der logischen Zusammenhänge, wie eine Organisation bzw. ein Unternehmen Mehrwert für Kunden erzeugt und einen Ertrag für die Organisation sichern kann." (Vgl. auch Unterabschnitt 3.16 der Norm DIN 77006.).

primär denjenigen Prozessen zuzuwenden hat, die nachhaltig und dauerhaft helfen, dieses Ziel zu erreichen. Auch hier sind Maßnahmen und Vorgänge, die nicht im gleichen Maße dazu beitragen, zurückzustellen und zu überprüfen.

c) **Prozessorientiert:** IP-Management fokussiert die wertreibenden Prozesse im Unternehmen und verstärkt und sichert sie und insbesondere ihre Ergebnisse mit den Mitteln des Rechts ab. Zugleich ist sich das IP-Management seiner eigenen Prozesse bewusst und bestrebt, ihren Wirkungsgrad zu optimieren. Die überragende Bedeutung der Prozesse, die IP-relevant sind und dazu beitragen, Ergebnisse des IPM hervorzubringen, wird für den gegebenen Zusammenhang dokumentiert durch die Unterabschnitte der Norm DIN 77006 4.4 („IP-Managementsystem und seine Prozesse") und 8.4 („Prozesse der Erbringung von IP-Leistungen").

Dass, wie diese DIN-Norm hervorhebt, die IPM-Prozesse betriebsintern, aber – in einem gewissen Rahmen – auch außerhalb des Wirtschaftsbetriebs durchgeführt werden können, ist angesichts der gewohnheitsmäßigen Kooperation der Unternehmen mit externen Beratern eigentlich eine Selbstverständlichkeit. Die Betonung dieses Umstandes ist gleichwohl äußerst gerechtfertigt. Denn die Gegebenheiten dieser Zusammenarbeiten im IP-Bereich bewusst zu machen und zu optimieren, ist ein nicht unwesentliches Anliegen des IPM.

2.1.2 B

Der Begriff des Intellectual Property Managements im Titel der DIN-Norm 77006 verbindet die beiden Elemente, deren Zusammenführung die Eigentümlichkeit dieser Managementdisziplin kennzeichnet, nämlich das Element der Unternehmensführung (Management) und das Element des immateriellen Vermögens (Intellectual Property). Dabei ist es durchaus angebracht, das Wort Vermögen hier in seinen beiden Bedeutungen von Reichtum und Fähigkeit zum Handeln („ich *vermag* etwas") zu verstehen.

Die Norm beschäftigt sich infolgedessen mit der Frage, auf welchem Qualitätsniveau diese beiden Elemente zusammengeführt werden. Dabei geht es entscheidend auch darum, ob und in welcher Weise die rechtlichen Möglichkeiten und insbesondere die Vorteile genutzt werden, die die Schutzgesetze dem Wirtschaftsbetrieb bieten.

Satz 3 des Abschnitts 1 „Anwendungsbereich" der DIN-Norm 77006 lautet wörtlich: „Es (das IPM) bezeichnet die Summe aller Prozesse, in denen der Umgang mit IP in der betrieblichen Wertschöpfung zum Tragen kommt."

„Umgang mit IP" bedeutet in diesem Zusammenhang „Aufbau und Nutzung des geistigen Eigentums". Dessen Aufbau geschieht in aller Regel mit Blick auf die Nutzungsmöglichkeiten, und Letztere bestehen in erster Linie darin, die bereits genannten Verbietungsrechte, die aus den im Unterabschnitt 3.17 der Norm beispielhaft genannten Schutzpositionen resultieren, zu instrumentieren und zu nutzen.

Das Wort „Verbietungsrecht" bezeichnet die entscheidende Befugnis, die das Recht des geistigen Eigentums (Gewerblicher Rechtsschutz) dem Berechtigten verleiht. Es gewährt ihm zuallererst die Möglichkeit, die Verletzung seiner Rechte wirksam zu unterbinden. Daneben bietet das Recht seit der Umsetzung der europäischen Richtlinie 2004/48 EG vom 29.04.2004 zur Durchsetzung der Rechte des geistigen Eigentums eine ganze Reihe von Sanktionen, die gegen einen Rechtsverletzer mobilisiert werden können. Damit ist der gesamte Bereich des Gewerblichen Rechtsschutzes, also der rechtlichen Dimension des IPM-Managements, ausgesprochen „verletztenfreundlich" und entsprechend „verletzerunfreundlich". Durch Rechtsverletzungen Beeinträchtigte werden privilegiert.

Wer seine Hausaufgaben gut gemacht hat, kann seine wohlbegründeten Rechte mit staatlicher Hilfe schnell[2], wirksam und bisweilen eindrucksvoll heftig und ggf. sogar PR-wirksam[3] durchsetzen. Für den Kampf des IP-Inhabers mit Rechtsverletzern hat der deutsche Gesetzgeber bis dato ein ganzes Dutzend rechtlicher Privilegien geschaffen.[4]

- **Privileg Nr. 1** – Große Reichweite des Rechts
  Der Schutzbereich der schon erwähnten Durchsetzungs-Richtlinie war weit gewählt.[5] Davon profitieren nicht nur sämtliche Rechte des geistigen Eigentums – hauptsächlich Patente, Gebrauchsmuster, Designrechte, Marken – und des Urheberrechts, sondern auch alle Rechtspositionen, die nach dem deutschen Gesetz gegen den unlauteren Wettbewerb (UWG) gegen Nachahmung geschützt sind.[6] Wer Schutz „nur" nach den Bestimmungen des UWG beanspruchen kann, hat grundsätzlich die gleichen Rechte wie der Inhaber einer Marke oder eines Patents.

---

[2]Ein englisches Sprichwort stellt zutreffend fest: „Slow justice is no justice."
[3]Siehe Privileg Nr. 9 – Urteilsveröffentlichung.
[4]Nicht zuletzt aufgrund der europäischen Durchsetzungs-Richtlinie.
[5]Vgl. Beyerlein, WRP 2005, 1354, 1356.
[6]Vgl. Beyerlein, WRP 2005, 1354, 1358.

Die Instrumente des neuen Rechts stehen allen zur Verfügung, die Inhaber der Rechte des geistigen Eigentums oder befugt sind, solche Rechte zu nutzen z. B. als Lizenznehmer.

- **Privileg Nr. 2** – Sicherung von Beweismitteln
  Recht haben *und* Recht behalten: Der Inhaber von Rechten kann seine häufig bestehenden Beweisprobleme auf den Nachahmer überwälzen. Er kann ihn gerichtlich zwingen, bei Gericht ihn selbst belastende Beweismittel vorzulegen, nämlich wenn
  - der Rechtsinhaber dem Gericht bereits alle ihm verfügbaren Beweismittel vorgelegt hat, um seine Ansprüche zu belegen,
  - es um genau bezeichnete Beweismittel des Prozessgegners geht,
  - der Prozessgegner über die Beweismittel verfügt und
  - deren Vorlage keine vorrangigen Geheimhaltungsinteressen des Prozessgegners verletzt.

  Um zu ermessen, wie weitgehend diese Prozessmöglichkeit geht, muss man sich klarmachen, dass zu den Beweismitteln, deren Vorlage erzwungen werden kann, Bank-, Finanz- und Handelsbelege gehören, die den Umfang der Verletzungshandlungen klären helfen und die Bezugs- und Vertriebswege des Nachahmers offenbaren.

- **Privileg Nr. 3** – Auskunftsrecht
  Die hierauf gerichteten Auskunftsansprüche des Rechtsinhabers treffen allerdings nicht nur den Nachahmer selbst, sondern – im Rahmen eines gegen den Nachahmer angestrengten Prozesses – sogar Dritte, nämlich solche gewerblich handelnden Personen, die nachweislich
  - kommerzielle Mengen rechtsverletzender Ware in ihrem Besitz hatten,
  - rechtsverletzende Dienstleistungen in betrieblichem Umfang in Anspruch nahmen,
  - sich gewerblich mit Dienstleistungen an rechtsverletzenden Tätigkeiten beteiligt haben.

  Grob nachlässig oder absichtlich falsche und unvollständige Auskunftserteilung macht schadensersatzpflichtig.

- **Privileg Nr. 4** – Beendigung von Verletzungen des geistigen Eigentums
  Mit den Beweismitteln, die der Nachahmer dem verletzten Rechtsinhaber wird zuliefern müssen (siehe Privileg Nr. 2), und den erhaltenen Auskünften (siehe Privileg Nr. 3) wird Letzterer in die Lage versetzt, Unterlassungsansprüche gegen alle an der Verletzung seiner Rechte maßgeblich Beteiligten wirksam durchzusetzen und Verletzungen des geistigen Eigentums schnell – ggf. durch einstweilige Verfügung – zu unterbinden.

- **Privileg Nr. 5** – Rückruf verletzender Ware vom Markt/endgültige Entfernung aus den Vertriebswegen
  Mit dieser Verteidigungswaffe soll dafür gesorgt werden, dass die Pirateriewaren aus den Absatzkanälen verlässlich verschwinden.
- **Privileg Nr. 6** – Vernichtung verletzender Waren und der vorwiegend zu ihrer Herstellung dienenden Vorrichtungen
  Bereits seit längerer Zeit war die Möglichkeit bekannt, die verletzende Ware auf Kosten des Verletzers vernichten zu lassen, sei es, dass dieser selbst die Vernichtung – überprüfbar – vornimmt oder die Ware dem Rechtsinhaber zur Vernichtung auf seine Kosten überlässt. Dieser Vernichtungsanspruch erhielt 2004 ein bedeutend höheres Gewicht, denn er erfasst seither auch Waren, die sich nicht mehr beim Nachahmer selbst befinden, sondern bei den weiteren Personen, die die Waren in den Vertriebskanälen weiterreichen. Die Vernichtung von Herstellungsvorrichtungen, die sich im Besitz des Verletzers befinden, kann ebenfalls verlangt werden, soweit sie vorwiegend zur Produktion der Nachahmungen gedient haben.
  Prozessual hat der Vernichtungsanspruch eine besondere, für den Verletzten äußerst vorteilhafte Bedeutung: Soweit ihn das Recht gewährt, kann er schon im Eilverfahren der einstweiligen Verfügung (siehe nachstehend Privileg Nr. 7) in der Weise geltend gemacht werden, dass ein Gericht die Beschlagnahme der verletzenden Ware anordnet und deren vorläufige Verwahrung durch das Vollstreckungsorgan (Gerichtsvollzieher) bis zur letztendlichen Vernichtung. Damit ist die Ware fürs Erste aus dem Verkehr gezogen und kann nicht mehr gezeigt und in Augenschein genommen werden, was insbesondere bei gemeinsamer Messeteilnahme von Verletztem und Verletzer wichtig ist.
- **Privileg Nr. 7** – Einstweilige Maßnahmen und Sicherungsmaßnahmen
  Die Gerichte können einstweilige Maßnahmen und Sicherungsmaßnahmen zur Sicherung von Ansprüchen wegen bereits erfolgter Rechtsverletzungen verhängen, aber auch zu Präventivzwecken. Sie sind natürlich möglich gegen die unmittelbaren Rechtsverletzer, können aber auch gegen Mittelspersonen erlassen werden, die sich an Rechtsverletzungen beteiligen. Ferner ist die Beschlagnahme oder Herausgabe von Ware möglich, bei der der Verdacht auf Verletzung des geistigen Eigentums besteht. Sie kann dann nicht mehr in Verkehr gebracht werden und erreicht den Verbraucher/Endabnehmer nicht.
  Bei Verletzungen im gewerblichen Ausmaß gehen diese Maßnahmen sehr weit. Zur Sicherung von Schadensersatzansprüchen, die durch die Verletzungshandlungen ausgelöst worden sind, ist es möglich, Vermögensgegenstände und Bankkonten des Verletzers durch gerichtliche Eilmaßnahmen zu beschlagnahmen und ihm die Verfügungsgewalt hierüber fürs erste zu nehmen.

Wie immer bei einstweiligen Verfügungsverfahren können die Anordnungen von Gerichten auch in diesem Zusammenhang ohne vorherige Anhörung des Verletzers ergehen. Letzterem wird aber die Möglichkeit gegeben, sich sofort nach deren Erlass dagegen zur Wehr zu setzen, auch indem ihm alle Informationen bezüglich des angelaufenen Verfahrens mitgeteilt werden.

Damit es nicht zu Missbräuchen der geschilderten Möglichkeiten kommt, sieht das Recht sowohl die Überprüfung der Einstweiligen Maßnahmen und Sicherungsmaßnahmen in regulären zweiseitigen Gerichtsverfahren vor, als auch die Pflicht des Rechtsinhabers zur Schadensersatzzahlung, wenn sich sein Vorgehen als von Anfang an ungerechtfertigt erweist.

- **Privileg Nr. 8** – Berechnung von Schadensersatz
  Die Gerichte können den Schadensersatz auf drei verschiedenen Arten[7] berechnen und sogar einen pauschalen Schadensersatz zusprechen. Darüber hinaus ist vorgesehen, dass Schadensersatz sogar in den Fällen zu leisten ist, in denen der Verletzer nicht einmal wusste, dass er die Rechte Dritter verletzte.

- **Privileg Nr. 9** – Urteilsveröffentlichung
  Ein potenziell sehr wirksames Privileg in der Auseinandersetzung zwischen Originalherstellern und Nachahmern, zumal solchen, die (noch) einen Ruf zu verlieren haben, ist die Publikation eines verurteilenden Urteils. Das wird bei der Verletzung aller Rechte des geistigen Eigentums möglich sein. Die Urteilsveröffentlichung – auf Kosten des Verletzers, versteht sich – ist bestimmt, fortwirkende Störungen zu beseitigen.[8] Als Mittel der Unternehmenskommunikation demonstriert sie den Verteidigungswillen des Verletzten und wirkt abschreckend.

- **Privileg Nr. 10** – Grenzbeschlagnahme
  Das Grenzbeschlagnahmerecht bestimmt das Vorgehen des Zolls gegen die Grenzüberschreitung von Waren – Einfuhr und Ausfuhr –, die im Verdacht stehen, Rechte des geistigen Eigentums zu verletzen.

- **Privileg Nr. 11** – Kostenerstattung

---

[7]Drei Berechnungsmethoden des Schadensersatzes sind anwendbar: a) Ersatz des konkret erlittenen Vermögensnachteils einschließlich entgangenen Gewinns; b) Zahlung einer (fiktiven) Lizenzgebühr (sog. Lizenzanalogie; der Verletzte wird so gestellt, als hätte er mit dem Verletzer eine angemessene Lizenz vereinbart); c) Herausgabe des Gewinns, den der Verletzer mit seiner rechtswidrigen Handlungsweise gemacht hat; anteilige Gemeinkosten darf der Verletzer hiervon nicht abziehen.

[8]Vgl., BGH GRUR 2002, 799, 801 – Stadtbahnfahrzeug.

Es entspricht seit langem dem deutschen Recht, dass die Partei, die ein gerichtliches Verfahren verliert, alle Prozesskosten zu tragen hat. Deren Kostenbelastung kann durch die Ausweitung der Verfahren und Zunahme der Rechtsschutzziele für Verletzer bedrohliche Größenordnungen erreichen.

- **Privileg Nr. 12** – zusätzlich: das Fallbeil des Strafrechts
  Zu den bereits genannten Verteidigungswaffen tritt die Möglichkeit strafrechtlichen Vorgehens gegen vorsätzlich und in gewerblichem Umfang handelnde Rechtsverletzer hinzu. Die Möglichkeiten der Staatsanwaltschaft und der mit ihr kooperierenden Kriminalpolizei im Rahmen des Ermittlungsverfahrens können die einstweilige Maßnahmen und Sicherungsmaßnahmen (Privileg Nr. 7) ggf. überaus wirksam ergänzen.

Die zwölf Privilegien stellen ein bemerkenswertes Waffenarsenal dar. Es ist ein klares Bekenntnis des deutschen Gesetzgebers zum Innovationswettbewerb zulasten des Imitationswettbewerbs. Welche Ansprüche können infolgedessen mit diesen Waffen durchgesetzt werden? Im Wesentlichen können folgende **Ansprüche** realisiert werden:

Ansprüche auf

a) Unterlassung – die Verletzungshandlung wird beendet.

b) Beseitigung – verletzende Zustände werden beseitigt.

c) Vorlage und Sicherung von Beweismitteln – der Verletzte erhält ergänzende Informationen über die Rechtsverletzung und zusätzlich Beweismittel in die Hand.

d) Auskunftserteilung und Rechnungslegung – der Verletzer erteilt Informationen über Bezugs- und Vertriebswege, klärt über den Umfang der Verletzungshandlung und ihre wirtschaftlichen Resultate (Umsätze, Gewinne) auf und liefert ggf. Kontrollbelege.

e) Rückruf verletzender Ware vom Markt – sie wird endgültig aus den Vertriebswegen entfernt.

f) Schadensersatz – pekuniäre Kompensation für den Verletzten.[9]

g) Vernichtung – Zerstörung der Produkt- und Markenpirateriewaren – auf Kosten des Verletzers.

h) Urteilsveröffentlichung – Rehabilitierung des Verletzten durch Prozessberichterstattung auf Kosten des Verletzers, soweit verurteilt.

---

[9]Sh. Privileg Nr. 8.

Mit welchen **Verfahrensmitteln** werden die Rechte und Interessen des Inhabers geistigen Eigentums verfolgt?

a) vor- bzw. außergerichtliche Verfahren
   - Berechtigungsanfrage
   - Abmahnung
b) Gerichtliche Instrumente
   - Verfahren der einstweiligen Verfügung (Unterlassung, Vorlage und Sicherung von Beweismitteln)
   - (Haupt-)Klageverfahren
   - Dagegen: (sog. negative) Feststellungsklage, dass erhobene Forderungen dem Anspruchsteller nicht zustehen

2.1.3 C

Die souveräne Instrumentierung und Nutzung der aufgezeigten rechtlichen und prozessualen Möglichkeiten stellt eine wesentliche Dimension des qualitätsvollen IPM dar. Die dem Wirtschaftsbetrieb zur Verfügung stehenden Bestandteile seines IP müssen so ausgewählt und beschaffen sein, dass sie einen wirkungsvollen Einsatz der erwähnten rechtlichen Mittel ermöglichen und so helfen, die strategischen Ziele des Unternehmens auch mithilfe des Rechts und des von ihm gewährten „IP-Rückenwinds" zu erreichen.

Entscheidend ist in diesem Zusammenhang die Erkenntnis, dass die für ein IPM zu nutzenden Verbietungsrechte nur dann ihre volle Wirkung entfalten können, wenn der Wirtschaftsbetrieb gelernt hat, auf der Klaviatur der „Privilegien" souverän, effizient und kostenbewusst, zu spielen – und hierzu im Fall der Verletzung seiner Rechte auch willens und bereit (auch im Sinne von vorbereitet) ist.

2.2   Abschnitt 2 Normative Verweisungen

Das IPM eines Wirtschaftsbetriebs ist ein Qualitätsmanagementsystem. Von daher ist es eine Selbstverständlichkeit, dass die einschlägigen Dokumente für Qualitätsmanagementsysteme, u. a. DIN EN ISO 9000 und 9001:2015-11, bei der Formulierung der der Norm DIN 77006 betrachtet wurden und zusätzlich auch zu ihrem Verständnis und zu ihrer Handhabung heranzuziehen sind.

2.3   Abschnitt 3 Wesentliche Begriffe

2.3.1   „Geschäftsmodell" (3.16)

Die bereits herausgehobene Bedeutung des Begriffs „Geschäftsmodell" für die Norm 77006 betont die Geschäftsmodellorientierung der Norm und des IPM im Allgemeinen. Diese Klärung hat strategische Bedeutung, wie die Formulierung der Zielsetzungen der IP-Strategie im Unterabschnitt 5.1.2 deutlich vermittelt. Die ständige Beachtung des Geschäftsmodells im Rahmen des IPM gibt Letzterem die strategisch unverzichtbare Orientierung.

Denn die Natur und Charakteristik des Geschäftsmodells bestimmt die spezifischen Bedürfnisse des Unternehmens an das speziell ihm gemäße IPM. Schon deswegen lässt die Norm DIN 77006, wie die Bemerkung im letzten Absatz des Abschnitts 1 „Anwendungsbereich" klarstellt, die Unternehmen selbst entscheiden, in welchem Umfang sie die Norm umzusetzen gedenken. In jedem Fall bleibt ausreichend Spielraum für die konkrete bedürfnisgerechte Ausgestaltung des IPM im einzelnen Unternehmen.

Eine wesentliche Aufgabe des IPM ist dessen optimale Ausrichtung am Geschäftsmodell. Dabei geht es ganz wesentlich um die nachhaltige Teilnahme des Unternehmens am Wettbewerb durch die Hervorbringung und Vermarktung geschäftsmodelltypischer Leistungsergebnisse mit Erfolgspotenzial. Den Gedanken der Langfristigkeit greift der Unterabschnitt 3.16 („Geschäftsmodell") der Norm DIN 77006 auf durch Verwendung der Wörter „dauerhafte" Wertschöpfung und „beständige" Bereitstellung der Leistungsergebnisse.

Wenn die Norm DIN 77006 im Unterabschnitt 8.3 neben den „Produkten" zusätzlich die Dienstleistungen erwähnt, obwohl diese nach landläufiger Auffassung in der Betriebswirtschaft neben den körperlich-gegenständlichen Erzeugnissen auch unter den Produkt-Begriff fallen, stellt dies zusätzlich klar, dass die Norm auch für Unternehmen anwendbar ist und sich ihnen zur Anwendung empfiehlt, die nur ungegenständliche „Erzeugnisse" hervorbringen.

Die Formulierung der DIN-Norm 77006 in 10.3, 2. Absatz, legt den Gedanken nahe, dass die Erkenntnisse aus der Bewertung des IP-Managements soweit gehen können, dass sie sogar eine Nachjustierung des Geschäftsmodells nahelegen.

2.3.2   „Intellectual Property (IP)" (3.17)

Die Aufzählung im Unterabschnitt 3.17 der Norm 77006 legt die Vorstellung nahe, immaterielle Vermögensgegenstände bildeten neben den eigentlichen Schutzrechten, Urheber- und ähnlichen Rechten sowie Know-how das IP einer „Organisation". Für das bessere Verständnis der Problematik scheint es mir förderlich zu sein, die Wendung „immaterielle Vermögensgegenstände" als Oberbegriff zu denken.

Diese „substanzlosen", ungegenständlichen Vermögenspositionen stellen gewissermaßen die „Ursuppe" der Organisation/des Unternehmens dar, auf die das IPM zurückgreifen kann. Die Begriffsbestimmung ist denkbar weit gefasst und beinhaltet neben den bekannten Bestandteilen des geistigen Eigentums (wie Patente, Marken, Designs etc.: Intellectual Property Rights = IPR; siehe nachstehend d.) auch, wenngleich nicht in der Norm ausdrücklich aufgeführt, immaterielle Ressourcen (IP-Ressourcen). Bei ihnen handelt es sich um solche Potenziale, deren Nutzung dazu führen kann, dass IP entsteht. Diese Potenziale können alle denkbaren Erscheinungsformen haben (z. B. Human Resources, Kooperationsmöglichkeiten, Erwerb von attraktiven Startups und anderen „Übernahmekandidaten" etc.). Das Unternehmen wird sie ebenso in den Blick nehmen wie die entstehenden IPR, insbesondere wegen der sich mit ihnen ergebenden Zukunftspotenziale für die weitere Entwicklung des Geschäftsbetriebs.

Bei diesen immateriellen Vermögensgegenständen kann es sich um bereits bestehende Gegebenheiten handeln, aber auch um Umstände, die sich gegenwärtig oder auch erst zukünftig entwickeln und erst zukünftig verfügbar sein werden oder können. Insoweit ist ein Unternehmen gut beraten, die eigenen Ökonomiebereiche und andere Felder genau zu beobachten, auf denen immaterielle Ressourcen und sonstige immaterielle Vermögensgegenstände entstehen und verfügbar werden. Diese sind insbesondere dann von besonderem Interesse, wenn das Unternehmen aus faktischen Gründen leichter hierauf zurückgreifen kann als seine Wettbewerber.

Unter dem Begriff Intellectual Property, kurz IP (3.17) versteht die Norm DIN 77006 die Gesamtheit des geistigen Eigentums einer Organisation (3.3) bzw. eines Wirtschaftsbetriebs. Das geistige Eigentum ist eine der vier unterschiedlichen Kategorien immateriellen Unternehmensvermögens („intangible assets"):

a) Humankapital, verkörpert in den Fertigkeiten, im Wissen und in der Erfahrung von Belegschaft und Management.

b) Strukturelles Kapital, bestehend aus organisationsspezifischen Unternehmensstrukturen, den Unternehmensprozessen und -routinen.

c) Beziehungskapital in Form der Vernetztheit mit unterschiedlichen Anspruchsgruppen, wie Lieferanten, Kunden, Kooperationspartnern, Investoren etc.

d) Und eben: Geistiges Eigentum mit Verfügungsrechten über angemeldete und registrierte Schutzrechte, nämlich:
  – Marken (geschützte Kennzeichen aller Art),
  – Patente,
  – Gebrauchsmuster,
  – Designrechte,
  – Internet-Domains,
  und nicht registrierte Schutzrechte oder Schutzrechtspositionen, wie
  – der Name bzw. die Firma eines Unternehmens
  – die Namen oder besonderen Bezeichnungen (Titel) seiner Druckschriften oder sonstigen Veröffentlichungen,
  – seine Urheberrechte,
  – die nicht eingetragenen Gemeinschaftsgeschmacksmuster,
  – seine Software-Entwicklungen,
  – gewährte oder erworbene Lizenzen,
  – alle Erfindungen und sonstigen Schöpfungen,
  – dem UWG-Nachahmungsschutz zugängliche Leistungsergebnisse,
  – das gesamte Know-how eines Unternehmens sowie
  – alle seine Geschäfts- und Betriebsgeheimnisse.

Immer schon galt: Jedes Unternehmen besitzt geistiges Eigentum, und sei es nur in Form seiner Identifikationsmittel (Namen, Firma) und Symbole (Unternehmenskennzeichen), § 5 Abs. 1 MarkenG. Üblicherweise nimmt dieser „immaterielle" Teil des Unternehmensvermögens laufend zu, denn was bei Innovation und Kreation entsteht, ist „Geistiges Eigentum", und handle es sich dabei „nur" um bloßes Know-how, auch wenn es als solches nicht den speziellen gesetzlichen Schutz genießt, der ansonsten für geistiges Eigentum kennzeichnend ist. Dabei ist allerdings zu vermerken, dass die Richtlinie EU 2016/943 des

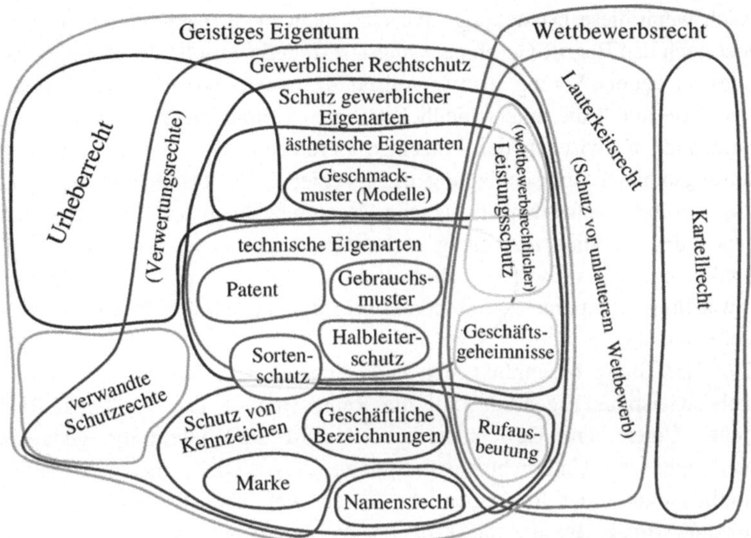

Abb. 2.1 Rechtliche   IPM-Aktivitätsbereiche.   (Quelle: Wikipedia.de,   GNU-Lizenz [Urheber 3427 Cfaerber])

Europäischen Parlaments und des Rates vom 8. Juni 2018 über den Schutz vertraulichen Know-hows und vertraulicher Geschäftsinformationen (Geschäftsgeheimnisse) vor rechtswidrigem Erwerb sowie rechtswidriger Nutzung und Offenbarung sowie das Umsetzungsgesetz den Schutz des betrieblichen Know-how maßgeblich verstärkt hat.

Es ist in diesem Zusammenhang nicht nur interessant, sondern für Manchen regelrecht bewusstseinserweiternd, das Schaubild in Abb. 2.1 zu betrachten und sich seine wesentliche Aussage einzuprägen. Es entstammt dem immer noch lesenswerten Wikipedia-Artikel „Geistiges Eigentum" und stammt von dem Urheber bzw. der Urheberin C. Faerber, dem/der dafür zu danken ist. Die Darstellung bringt zwei Bereiche zusammen, die durchaus zusammengehören, nämlich einerseits das Gebiet des geistigen Eigentums, das durch die gesetzliche Zuweisung von Ausschließlichkeitsrechten oder zumindest gesetzlich gewollten wettbewerblichen Vorsprungpositionen gekennzeichnet ist. Andererseits wird daneben der Bereich des Wettbewerbsrechts gestellt, das mit dem des geistigen Eigentums interessante und wichtige Überschneidungen kennt.

Auch wenn diese Darstellung im Detail nicht mehr ganz aktuell ist (sie verwendet noch den Begriff Geschmacksmuster/Modelle anstelle des aktuellen Worts Design), sie hat den Vorzug, in etwa vollständig zu sein. Vor allem hat sie den Vorteil, dass sie durch die unterschiedlich farbigen Umrandungen verdeutlicht, dass es Beziehungen zwischen den einzelnen Bereichen und Bereichsgruppen gibt, Berührungspunkte, Überschneidungen, Einbeziehungen. Damit gibt diese Grafik Anlass, darüber nachzudenken, welche Zusammenhänge und Interdependenzen zwischen den rechtlich notwendig getrennten Bereichen es gibt und wie diese Verbindungen sich auswirken, aber auch wie sie genutzt werden können – und zwar im Kontext eines qualifizierten IPM. Es tun sich dort Potenziale an Synergieeffekten auf.

Die Darstellung beschränkt sich entsprechend dem Thema des Wikipedia-Artikels „Geistiges Eigentum" auf die Repräsentation der erwähnten Rechtsbereiche. Unter dem Gesichtspunkt des IPM sind allerdings gedankliche Verbindungen zu Unternehmensdisziplinen herzustellen, die außerhalb des Schaubilds und seiner Rechtsbereiche liegen (vgl. den ebenfalls lesenswerten Wikipedia-Artikel „Intellectual Property Management", Wikipedia 2020). Es sind jedenfalls diejenigen Sphären, die im Text der Norm DIN 77006 zusätzlich angesprochen werden, nämlich die Bereiche der Unternehmenskommunikation (7.4) und speziell des Marketings und derjenigen Stakeholder (3.2), die an diesen Unternehmensprozessen beteiligt sind. Es sind die Prozesse, die zwischen dem Unternehmen und seiner Umwelt ablaufen und bei denen sich die Qualität des IPM zeigt und, wenn sie ausreichend hochstehend ist, auch auszahlt. Die Einbeziehung dieser Bereiche und Prozesse in das IPM führt zu seinem integrierten, ganzheitlichen Charakter.

Bei Marken ist z. B. das für ihren rechtlichen Schutz maßgebliche Kriterium der Kennzeichnungskraft zugleich ein entscheidender Faktor für die Begründung der Prägekraft und Wiedererkennbarkeit des benutzten Markenzeichens in der Marktrealität. Wenn es, wie im Marketing gewünscht, dazu kommen soll, dass die Marke „dem Kunden *gehört*", dann ist zu bewirken, dass die Kennzeichnungskraft der Marke möglichst groß ausfällt. Die Grundlage dafür kann schon durch die Kreation der Marke gelegt werden, indem empirisch abgesicherte Erkenntnisse über Markenwirkungen genutzt werden; die anfängliche günstige Grundlegung kann aber maßgeblich durch Kommunikations- und Marketingmaßnahmen dahin gehend unterstützt werden, dass die Marke faktisch in all ihren Funktionen[10] in der Marktwirklichkeit regelrecht aufblüht. Das dann entstehende wirtschaftliche Gewicht der Marke und ihr Wert werden für das Unternehmen gesichert durch die gesetzlichen Schutzmöglichkeiten, die dem weiten Schutzumfang der Marke Rechnung tragen, der infolge ihrer schon ursprünglich hohen und sodann und vor allem durch ihren Einsatz noch vergrößerten Kennzeichnungskraft entstanden ist.

Ein strategisches Markenmanagement im Rahmen des IPM vereint somit die rechtliche Dimension der Begründung des Markenschutzes mit der komplementären Sphäre der tatsächlichen Markenbenutzung, um das IPM-Ziel der Markenstrategien des Unternehmens zu erreichen. Der Einsatz der Marke in der Unternehmenskommunikation und die gesamte Gestaltung ihrer Wahrnehmbarkeit durch die Zielgruppen sind angesichts dessen gedanklich bereits beim Markenerwerb zu integrieren und hinzuzudenken.

Es leuchtet ohne weiteres ein, dass ein rein am Rechtlichen ausgerichtetes Markenmanagement ebenso zu kurz greift wie eine sich ausschließlich an wirtschaftlichen Gegebenheiten orientierende faktische Markenführung. Relevante Verbietungsrechte mit nachhaltiger Wirkung entstehen dann allenfalls zufällig.

Das ganze vorstehend eingeblendete Schaubild ist ein Appell, die Gesamtheit der Gegenstände des IPM ganzheitlich in den Blick und unter Kontrolle zu nehmen und dann aber zusätzlich weit über das Ende der jeweils eigenen – rein rechtlichen oder betriebswirtschaftlichen oder auch naturwissenschaftlichen – Nase hinauszusehen. Das mag dem einen oder anderen schwerfallen, der spezielle Verantwortung isoliert in nur einem der dargestellten Bereiche trägt, etwa weil er im Unternehmen das Management der Patente und/oder der Marken und deren Portfolien oder den Bereich F&E verantwortet. Er mag sich aber verdeutlichen, dass auch sein Bereich in seiner dienenden Funktion erst richtig zum Erblühen kommt, wenn er im Gesamtkontext des integrierten IPM-Geschehens gemanagt wird.

---

[10]Eine Marke im Rechtssinn wird nicht nur als solche geschützt, sondern auch insoweit, dass sie ihre faktisch-ökonomischen Funktionen ungestört und unbeeinträchtigt ausüben kann. Solche Funktionen sind insbesondere: die Herkunftsfunktion, die Unterscheidungs- und Identifikationsfunktion, die Werbefunktion, Entlastungs- und Orientierungsfunktion, die Garantie- und Vertrauensfunktion, die Kommunikations- und Inklusionsfunktion und die Investitionsfunktion; im Einzelnen dazu: Ingerl/Rohnke, Markengesetz (2010), Einleitung Randnummern 72 ff.

2.3.3 „Rolle" (3.6)

Hierunter versteht die Norm DIN 77006 beteiligte Stakeholder (3.2) im IPM, insbesondere Entscheider, Verantwortlichen, Unterstützer und Informationsempfänger. Diese Verantwortlichkeiten sind im Rahmen der Installation oder Implementierung des IPM zu identifizieren, zu regeln und abgrenzend festzulegen.

2.3.4 „Interessierte Partei", „Anspruchsgruppe" (3.2)

Der Begriff der Interessierten Partei bzw. Anspruchsgruppe (Stakeholder) wird von der Norm DIN 77006 an verschiedenen Stellen benutzt. Die in 3.2 gegebene Definition ist denkbar weit. Durch ihr berechtigtes Interesse am Verlauf oder Ergebnis eines Prozesses oder Projektes des IPM werden Personen oder Gruppen von Personen zu Stakeholdern.

2.3.5 „Organisation" (3.3)

Auch dieser Begriff wird weit definiert. Da die Norm DIN 77006 nur solche ökonomisch wirkende Strukturen adressiert, für die ein IPM in Betracht kommt, ist eben dies, deren IPM-Affinität, das entscheidende Kriterium für die Annahme einer Organisation im Sinne dieser Norm. Deswegen fallen nicht nur Wirtschaftsunternehmen unter diesen Begriff, sondern auch Institutionen und der Wirtschaft nicht angehörende Organisationen, also jegliche Strukturen auch nichtunternehmerischer Art, die an IP-relevanten Prozessen oder Projekten teilhaben.

2.4 Abschnitt 4 Der Qualitätsbegriff im IP-Management

Im Sinne der Optimierung des Umgangs eines Wirtschaftsbetriebs („Organisation") im Sinne der Norm DIN 77006 mit seinem geistigen Eigentum wäre wenig gewonnen, würde die Norm zur Klärung des Begriffs der Qualität auf das deutsche Synonym „Güte" hinweisen oder gar auf ein begriffliches Monstrum wie „Anforderungskonformität" (vgl. aber 3.12). Stattdessen schlägt die Norm DIN 77006 vor, an bestimmten Gegebenheiten und Strukturpositionen und bei einzeln bezeichneten Vorgängen in der Organisation festzustellen, ob das IP-Management der Qualitätsvision der Norm entspricht. Dabei handelt es sich um den Kontext der Organisation (4.1), die Führung des Wirtschaftsbetriebs (4.2), seine Planung (4.3), die Ressourcen eines Wirtschaftsbetriebs (4.4), die er für den Umgang mit seinem IP hat, den Betrieb des IP-Managements (4.5), die Bewertung der Leistung (4.6) und die Verbesserung (4.7).

Die Abschnitte 6, 7 und 8 der Norm DIN 77006 stellen ihren Kern dar, soweit es die Anforderungen betrifft, die jedenfalls erfüllt werden müssen, wenn der Wirtschaftsbetrieb an sich den Anspruch stellt, ein qualitätsvolles IP-Management zu betreiben. Mit der Benutzung des Wortes „muss" (vgl. Unterabschnitt 0.5, lit. a) präsentieren sich die Anforderungen dieser genannten Abschnitte als Ansprüche, die der Wirtschaftsbetrieb erfüllen muss, wenn er das Ziel der Implementierung eines IPM von hoher Qualität erreichen will. Dabei offenbart eine Gesamtschau der Bestimmungen des Abschnitts 4, dass es sich bei dem zu fordernden IPM in erster Linie um eine Kommunikationsdisziplin handelt. Es geht um das Generieren, Auswählen, Aufbereiten, Formatieren und Gestalten von IPM-relevanten Informationen und deren systematische, gesteuerte und gezielte Weitergabe (Kommunikation) an IPM-Stakeholder (3.2).

2.4.1   Kontext der Organisation (Abschnitt 4)

Den Begriff der Organisation benutzt die Norm DIN 77006 an einer Vielzahl von Stellen (3.3 mit Verweisen, 4, 6 bis 10). Sie definiert ihn nicht, sondern setzt sein richtiges Verständnis voraus. Wesentlich nicht nur für diesen Abschnitt, sondern für die Anwendung der Norm 77006 überhaupt ist der Blick auf die Organisation in ihrem konkreten Kontext. Das ist der Gesamtzusammenhang, in dem das Unternehmen und in dessen Rahmen seine Hervorbringungen bzw. Leistungen und deren Vermarktung stehen. Um ihn zu erkennen, ist die Aufmerksamkeit den „externen und internen Themen" zuzuwenden, „die für ihren Zweck relevant" sind und auch für die Ergebnisse des IPM (4.1).

2.4.2   Verstehen der Organisation und ihres Kontextes

Für die Zwecke der Kommunikation ist es zunächst einmal erforderlich, Bereiche der Auswirkung von IPM zu identifizieren. Es ist dabei von nicht unerheblicher Bedeutung, im Wirtschaftsbetrieb Konsens über die Identität der betroffenen relevanten (internen und externen) Themen herzustellen. Es sind nach dem

Wortlaut der Norm Themen, die für den Zweck des Wirtschaftsbetriebs und seine Ergebnisse relevant sind. Dabei wird in Rechnung zu stellen sein, dass Zweck und strategische Ausrichtung ihrerseits Veränderungsprozessen unterliegt. Das macht es umso notwendiger, über diese Positionen innerbetrieblich zu kommunizieren und hierüber Übereinstimmung zwischen den beteiligten und betroffenen Bereichen des Wirtschaftsbetriebs einschließlich seiner Führung herbeizuführen. Die in Satz 2 dieses Unterabschnitts hervorgehobene Pflicht zur Überwachung und Überprüfung und deren kommunikative Erfüllung gegenüber den innerbetrieblichen Informationsberechtigten bietet Gelegenheit, das Wissensniveau der Beteiligten auf hoher Ebene zu erhalten.

Man verdeutliche sich, welche Bedeutung diese Kommunikation innerbetrieblich hat: Stakeholder, denen nicht bewusst wird, dass sich IPM auf Prozesse auswirkt, an denen sie selbst interessiert sind oder für die sie gar Verantwortung tragen, werden wenig geneigt sein, ihr IPM-Involvement zu erkennen, zu akzeptieren und zu leben.

2.4.3 Verstehen der Erfordernisse und Erwartungen interessierter Parteien

Die Überschrift dieses Unterabschnitts beginnt mit dem Verb „verstehen". Das weist diese Forderung der Norm DIN 77006 als einen intellektuellen Anspruch aus. Vor diesem Hintergrund weist die Norm hier dem Wirtschaftsbetrieb die Aufgabe zu, etwas Wesentliches zu bestimmen (zu identifizieren und festzulegen), nämlich die IP-relevanten Bezugspersonen und deren Ansprüche und Erwartungen. Dabei wird als selbstverständlich unterstellt, dass der Wirtschaftsbetrieb nach dem Abschluss des intellektuellen (Verstehens-)Prozesses Maßnahmen ergreift und Handlungen vornimmt, mit denen er den Ansprüchen und Erwartungen dieser Stakeholder zumindest entgegenkommt, ggf. sogar entspricht, soweit sie regelrecht Angehörige einer identifizierten Zielgruppe sind.

Mit der aufgezeigten Notwendigkeit, näher bezeichnete interessierte Parteien „zu bestimmen", trifft den Wirtschaftsbetrieb die Aufgabe und die Pflicht im Sinne der Norm DIN 77006, diese Parteien (Teilstrukturen, Personen und Personengruppen) zunächst zu identifizieren und sodann deren IPM-bezogene Verantwortung festzulegen. Dabei wird sich zeigen, dass im Wirtschaftsbetrieb eine Verantwortungsstruktur besteht, deren Sinnhaftigkeit und Gestaltungsbedürftigkeit zu überprüfen ist.

Im Rahmen der Pflicht zur Überwachung und Überprüfung der Informationen über die interessierten Parteien wird der Wirtschaftsbetrieb ggf. Veränderungen von Strukturen, Zuständigkeiten und Verantwortungen beschließen.

2.4.4   Qualitätsmanagement für das IP-Management (4.3 und 4.4)

Wie alle Managementanstrengungen bedürfen auch die Maßnahmen des IPM in ihrer Gesamtheit und je für sich betrachtet eines Qualitätsmanagements. Das ist unerlässlich. Der Unterabschnitt 4.3 macht deswegen detailliert Vorgaben für die Schaffung von Rahmenbedingungen, die ein IPM im Wirtschaftsbetrieb erst ermöglichen.

In diesem Unterabschnitt gibt die Norm DIN 77006 recht detailliert und konkret Anhaltspunkte dafür, wie, mit welchen Mitteln und Maßnahmen der Wirtschaftsbetrieb ein Qualitätsmanagement für das IP-Management konzipieren und implementieren kann.

2.4.5   Doppelaufgabe des Wirtschaftsbetriebs

Von besonderer Bedeutung ist der Hinweis auf die Doppelaufgabe, die den Wirtschaftsbetrieb nach Absatz zwei dieses Unterabschnitts trifft: Zum einen ist es unverzichtbar, dass die Prozesse identifiziert und bestimmt werden, die für das zweckerfüllende IPM „benötigt" werden. Das Ergebnis dieser „Bestimmung" der Prozesse ist in das Informations- und Kommunikationsmanagement des Wirtschaftsbetriebs einzuspeisen. Zum anderen sind Regeln aufzustellen, nach denen das Qualitätsmanagement auf das IPM angewendet werden soll. Selbstverständlich sind auch sie den betroffenen Stakeholdern verbindlich mitzuteilen.

Im Unterabschnitt 4.4. wird (unter 4.4.2) das innerbetriebliche Informationsmanagement angesprochen. Von entscheidender Wichtigkeit sind die Aktualisierung der dokumentierten Informationen und die Organisation des Zugriffs auf diese. Zugleich wird die Frage der Verbindlichkeit und Verlässlichkeit der Informationen angesprochen. Jeder zugriffsberechtigte Stakeholder muss sich darauf verlassen können, dass er jeweils ausreichende Gelegenheit erhält, auch für ihn relevante Veränderungen der Informationen zur Kenntnis nehmen zu können, sofern er nicht proaktiv informiert wird. Wird aus seiner Sicht die Durchführung der Prozesse, so „wie geplant", durch die Veränderungen infrage gestellt, muss es ihm möglich sein, seine Beurteilung zu kommunizieren. Das zeigt die immer gegebene Parallelität zwischen dem Informationsmanagement des Wirtschaftsbetriebs und seines Kommunikationsmanagements auf.

2.5   Abschnitt 5 Führung der Organisation im IPM

In diesem wichtigen Abschnitt nimmt die Norm DIN 77006 die Unternehmensführung (Führung der Organisation) selbst in die Pflicht. Das ist notwendig, weil ohne ein Sich-Einlassen der Führung auf die Installation und die nachhaltige Implementierung des IPM und seiner Prozesse dessen Gelingen undenkbar erscheint.

Dieser Abschnitt fordert von der Führung der Organisation, dass sie das IPM zu ihrer „eigenen Sache" macht. Dafür ist es erforderlich, dass sie eine IP-Strategie entwirft (5.1.2) und die IP-Politik der Organisation festlegt (5.2.1) und bekanntmacht (5.2.2). Ferner hat sie Rollen, Verantwortlichkeiten und Befugnisse in dem IPM der Organisation zu bestimmen (5.3).

Der Führung wird einiges dabei abverlangt, „Führung und Verpflichtung" zu zeigen. Damit wird der Führungsebene aufgegeben, im Unternehmen eine regelrechte IP-Kultur entstehen zu lassen. Sie muss verstehen, unter welchen Voraussetzungen und wie eine erfolgreiche „Arbeit mit IP" im Wirtschaftsbetrieb entsteht. Sie soll veranlassen, dass IP in das Geschäftsmodell, in die Gesamtstrategie des Unternehmens sowie in seine Prozesse, die die Produkte entstehen lassen, regelrecht hineingedacht wird.

Deswegen ist es unerlässlich, dass die Führung die Rechenschaftspflicht für die Wirksamkeit des Qualitätsmanagementsystems übernimmt und damit die Verantwortung für das Erreichen der angestrebten Ziele. Denn infolge der getrennten Einzelzuständigkeiten der verschiedenen vom IPM tangierten Teile der Unternehmensstruktur und deren unerlässliche Konzentration auf ihre jeweilige Spezialaufgabe ist keines davon in die Pflicht für den Erfolg des den Wirtschaftsbetrieb in seiner Gänze berührenden und somit ganzheitlichen IPM zu nehmen.[11]

Abschnitt 5 der Norm DIN 77006 bürdet der Führung eine Aufsichts- und Leitungspflicht für ein doppeltes Qualitätsmanagementsystem auf: Einerseits muss die Führung durch das Berichtsmanagement des Wirtschaftsbetriebs eine stets aktuelle Kenntnis über das Betreiben des „Qualitätsmanagementsystems IPM" verschaffen, andererseits aber auch die Installation und wirksame Durchführung des Qualitätsmanagements für das IPM initiieren und durchsetzen.

---

[11]In „Intellectual Property Management – Geistiges Eigentum als Führungsinstrument und Erfolgsfaktor in der Wissensökonomie" (Mittelstaedt 2016) wird darauf hingewiesen und näher begründet, warum die Unternehmensabteilungen regelmäßig überfordert sind, wenn von ihnen – oder auch nur einzelnen – die Ein- und Durchführung des IPM im gesamten Unternehmen verlangt wird. Das kann nur „von oben" veranlasst werden!

Dass beide Elemente dieses doppelten Qualitätsmanagementsystems wirksam zusammenarbeiten, hat die Führung ebenfalls zu gewährleisten.

Die DIN-Norm erläutert im Zusammenhang mit der IPM-Zielsetzung, dass die Führung ihr Engagement und Commitment belegt, indem sie drei Aufgaben erfüllt. Zum einen gewährleistet sie, dass die für das IPM maßgeblichen rechtlichen Anforderungen den davon adressierten Unternehmensstrukturen bewusst sind und erfüllt werden. Ferner auferlegt der Abschnitt 5 der Führung eine zentrale, wertschöpfungsprozessorientierte Verantwortung. Sie hat die Risiken und Chancen des betrieblichen Wertschöpfungsprozesses in den Blick zu nehmen und dafür Sorge zu tragen, dass sie optimiert werden. Gemeint ist damit natürlich, dass die Risiken und Chancen jeweils zutreffend – auch in ihrer Bedeutung und Tragweite – erkannt und Erstere minimiert und Letztere bestmöglich genutzt werden.

Der Abschnitt 5 der Norm unterlegt der Führungsobligation in diesen Bereichen eine eindeutige Ergebnisorientierung, die das IPM des Wirtschaftsbetriebes ermöglichen und sicherstellen sollen. Wie und mit welchen Handlungsweisen und Aktionen der Wirtschaftsbetrieb unter Führerschaft seiner Leitung mit den erwähnten Risiken und Chancen umgeht, wird nachfolgend unter Ziffer 3.6 Planung näher behandelt, der im Interesse einer möglichst wenig eingeschränkten Entscheidungs- und Handlungsfreiheit der Führung auf eine zu weitgehende Konkretisierung und Festlegung der zu ergreifenden Maßnahmen verzichtet.

IP-Strategie gemäß DIN 77006 im Einzelnen
Der Unterabschnitt 5.1.2 der Norm setzt die IPM-relevanten Elemente IP-Strategie, Geschäftsmodell, Bestimmung des IP-Bedarfs und die Geschäftsziele miteinander in Beziehung. Zugleich wird hervorgehoben, dass die IP-Positionierung der Organisation der Erreichung der Geschäftsziele dienen muss und ihr insoweit untergeordnet ist. Die Erreichung der Geschäftsziele hat die oberste Priorität. Danach richten sich der Entwurf des Geschäftsmodells, die Formulierung IP-Strategie und die Bestimmung des IP-Bedarfs.

Von besonderer Bedeutung für das IPM ist die von den Zielsetzungen geforderte Geschäftszielbezogenheit der Ermittlung und Bestimmung des IP-Bedarfs. Das geistige Eigentum, insbesondere die Registerschutzrechte, die ein Unternehmen erwirbt, werden von den Geschäftszielen her bestimmt. Ob z. B. für eine im Rahmen der F&E-Anstrengungen des Unternehmens womöglich auch noch eher zufällig gemachte Erfindung ein Schutzrecht angemeldet wird, weil dieses eine (ggf. auch nur vermeintliche) wettbewerbliche Bedeutung hat, wird nach dem Unterabschnitt 5.1.2 der Norm DIN 77006 nunmehr ausschließlich danach entschieden, ob der Erwerb des Schutzrechts den definierten Geschäftszielen dient. Das sollte nicht auf kurze Sicht entschieden werden. Vielmehr sind dabei Entwicklungen in die Entscheidungsfindung einzubeziehen. Jedenfalls aber wird deutlich, dass ein eher technologisch bestimmter Aufbau des geistigen Eigentums gedanklich verdrängt wird von den Leitkategorien „Umsetzung des Geschäftsmodells" und „Erreichung der Geschäftsziele".

2.6 Abschnitt 6 Planung

Der mit „Planung" überschriebene Abschnitt 6 der Norm DIN 77006 fokussiert die Zukunft des Wirtschaftsbetriebs. Es geht um die Prozesse, die die Ergebnisse des IPM hervorbringen, und um deren Optimierung.

Von wesentlicher Bedeutung ist der Appell am Ende des Unterabschnitts 6.1, das Gebot der Verhältnismäßigkeit zu achten und einzuhalten. An sich eine Banalität, fordert dieser Appell doch deutlich und ausdrücklich auf, darauf zu achten, dass IPM nicht als Selbstzweck betrachtet und betrieben wird, sondern eine dienende und fördernde Funktion hat.

Die nach 6.2 festzulegenden Ziele sind unbedingt konkret auszuformulieren und festzulegen, damit ihre Verbindlichkeit und Überzeugungskraft gesichert sind und ihre Verfolgung verlässlich überwacht werden kann. Die angesprochenen Dokumentations- und Überprüfungsaufgaben sind im Rahmen des betrieblichen Informationsmanagements und des Controllings zu absolvieren.

2.7 Abschnitt 7 Unterstützung (des IPM)

Dieser Abschnitt wendet sich als erstes den Ressourcen des IPM zu. In seinen Unterabschnitten spricht dieser Teil der Norm 77006 die erforderlichen Ressourcen des Wirtschaftsbetriebs an, ohne die ein normgemäßes IPM nicht stattfinden kann. Angesprochen werden allgemein die „erforderlichen Ressourcen" für die Installation und Implementierung des IPM, dann, als jedenfalls erforderlich, aber auch das IP-Human Resources Management, sodann aber auch die Infrastruktur, die für den (optimalen) Ablauf der IP-Prozesse vorhanden sein muss, sowie schließlich die „Prozessumgebung", die den Raum darstellt, innerhalb dessen das IPM stattfindet. Auch hierzu ist auf die Eigenheiten des Wirtschaftsbetriebs abzustellen, da es speziell um sein IPM geht.

Von regelrechter Brisanz im Einzelfall kann die Forderung nach der erforderlichen Infrastruktur sein. Das kann den Aufbau des Wirtschaftsbetriebs als solchen betreffen. Sollte erkannt werden müssen, dass die Struktur des Wirtschaftsbetriebs den Aufbau oder die Durchführung eines leistungsfähigen IPM be- oder gar verhindert, werden sich strukturelle Veränderungen nicht umgehen lassen. Das gilt insbesondere dann, wenn festgestellt werden muss, dass gegebene Strukturen des Wirtschaftsbetriebs Verhaltensweisen interner Stakeholder entgegenstehen oder diese gar verhindern, die dafür entfaltet werden müssen, dass das IPM seine beabsichtigten Ziele erreichen kann.

Die in diesem Abschnitt der Norm DIN 77006 angesprochenen Ressourcen des Wirtschaftsbetriebs sind zu bestimmen und bereitzustellen. Ohnehin vorhanden und verfügbar sind für das IPM bedeutsame immaterielle Ressourcen (IP-Ressourcen), auf die oben zu Ziffer 3.3 bereits hingewiesen wurde. Auch sie müssen identifiziert, evaluiert und planvoll nutzbar gemacht werden (als Beispiele wurden u. a. genannt: Kooperationsmöglichkeiten, Erwerb von attraktiven Start-ups und anderen „Übernahmekandidaten" etc.).

Last, but absolutely not least, erscheint in diesem Zusammenhang auf der Wichtigkeitsskala die Forderung nach der **Bildung eines IPM-affinen Bewusstseins** im Wirtschaftsbetrieb. Es ist schlechthin Voraussetzung für das Gelingen des IPM und die Entfaltung seiner Wirkungen im Wirtschaftsbetrieb.

Zu den Zielsetzungen dieses Unterabschnitts der DIN Norm 77006 könnte noch hinzugesetzt werden, dass neben dem Erkennen der Bedeutung und der Wirkungen von IP auch die Erfassung der Bedeutung und der Wirkungen des IP-*Managements* (IPM) selbst vermittelt werden sollte, um eine ausreichende Akzeptanz dieser in mancher Hinsicht neuen Managementdisziplin innerhalb des Wirtschaftsbetriebs zu fördern. Anstrengungen in diesem Sinne erscheinen notwendig, vor allem deswegen, weil die Einführung des IPM in Unternehmen sich in vielen Fällen auf die Strukturen selbst des Wirtschaftsbetriebs auswirken wird, jedenfalls aber die Interaktionen und Kooperationsmodi der Strukturteile (Unternehmensabteilung etc.) vielfach nicht unerheblich verändern wird.

Die Aufzählung der Prozesse der IP-Bewusstseinsbildung im Anhang A.7.3 ist nicht abschließend. Neben erfolgversprechenden Incentive-Maßnahmen werden der Personalführung des Unternehmens unschwer vielfältige Maßnahmen einfallen, um die IP-Bewusstseinsbildung zu fördern.

Das ruft in diesem Zusammenhang ein weiteres Thema auf, das in den Zuständigkeitsbereich des Personalmanagements fällt, nämlich das IP-Human Ressources Management (IP-HRM). Dabei geht es nicht nur darum, eine Entscheidung darüber herbeizuführen, ob im Wirtschaftsbetrieb die Stelle eines IP-Managers geschaffen wird. Vielmehr wird die Personalführung des Unternehmens bei der Installation des IPM im Wirtschaftsbetrieb konzeptuell über eine Neuorientierung der Personalauswahl und -führung zu entscheiden haben, um die Implementierung der IP-Strategien des Wirtschaftsbetriebs und des IPM nachhaltig zu fördern.

2.8   Abschnitt 8 Erbringung von IP-Leistungen

Die Positionen dieses Abschnitts gehören zu den wichtigsten der ganzen Norm DIN 77006. Dazu ist festzuhalten: Der Appell zur Steuerung im ersten Absatz des Unterabschnitts 8.1 gilt für alle Prozesse des IPM.

Dem ganzheitlichen Charakter des Appells entspricht die Einbeziehung sämtlicher Schnittstellen aller Prozesse unter Klärung der Leistungsbeziehungen. Dazu gehört, dass die sich an den Schnittstellen begegnenden Leistungen identifiziert werden, ebenso wie deren gewünschtes Zusammenwirken in den unterschiedlichen Bereichen der Leistungserbringung.

In der Überschrift des Unterabschnitts 8.2.1 wird die Interaktion mit den Stakeholdern (3.2) der Organisation thematisiert. Gemeint sind grundsätzlich alle Stakeholder des Wirtschaftsbetriebs. Damit wird zumindest die Interaktionsmöglichkeit aller Stakeholder mit allen Elementen der Prozesslandschaft vorausgesetzt. Im Sinne der Erreichbarkeit der Ziele sind alle in Betracht kommenden Strukturelemente der gesamten IPM-Prozesslandschaft interaktionsaffin und -unterstützend zu gestalten. Das ist nicht zuletzt durch eine das IPM des Wirtschaftsbetriebs fördernde IP-Bewusstseinsbildung (Unterabschnitt 7.3) bei seinen Angehörigen zu bewirken.

Der Unterabschnitt 8.3.2 wendet sich noch einmal den Schnittstellen zu externen Dritten zu, nachdem ihnen schon zuvor (7.4) Aufmerksamkeit geschenkt wurde. Zu Recht hebt die Norm DIN 77006 am Ende des Unterabschnitts 8.3.1 hervor, dass die Anforderungen an die Qualität an der Schnittstelle zu externen Dritten im Grundsatz ebenso hoch sein müssen wie an das betriebsinterne IPM und die internen Qualitätsanforderungen. Diese Anforderungen richten sich damit auch an die externen Dritten selbst und ihre Leistungen. Darüber, dass diese Anforderungen erfüllt werden, hat sich der Wirtschaftsbetrieb Gewissheit zu verschaffen. Dieser Aufgabe wird er sich regelmäßig durch Einholen von Kompetenzbelegen der Dritten und der Kontrolle von Referenzen entledigen können. Den Dritten bleibt es überlassen, ihre Leistungsfähigkeit durch Erwerb aussagekräftiger Prüfungsbelege unter Beweis zu stellen.

Unterabschnitt 8.4.2. der DIN-Norm: IP-Generierung
Für die Hervorbringung von IP sind drei Aufgaben zu erfüllen, die das Unternehmen im Rahmen der IP-Generierung hat:

- die systematische und zielkonforme Gestaltung von IP (der IP-Portfolios)
- das systematische Identifizieren von wertvollem IP
- die Stimulation der kreativen Leistung zur Schaffung von IP

Die systematische und zielkonforme Gestaltung von IP beinhaltet die Schaffung geistigen Eigentums im Rahmen der F&E-Anstrengungen des Unternehmens und seiner sonstigen, an den Geschäftszielen ausgerichteten Schöpfungsprozesse. Selbstverständlich sind auch und schon diese Kreationsprozesse systematisch und wertschöpfungsorientiert zu betreiben. Dasselbe gilt für die Entstehung und Bildung von IP-Portfolios. Ebenso wie jede einzelne IP-Position (u. a. jedes einzelne Schutzrecht) systemkonform zu sein hat und den Geschäftszielen dienen soll, gilt dies auch für die kollektiven Zusammenfassungen solcher Positionen zu Portfolios. Solche Zusammenfassungen sind sinnvoll, weil sie es erlauben – und dazu motivieren –, aus dem Bestand der Positionen Synergieeffekte zu generieren und zu aktivieren. Indem die Portfolios zielkonform aufgebaut, gestaltet und verwaltet werden, erhält der Aspekt der Leistungsfähigkeit der Portfolios eine Aufwertung, der auch unter dem Kostengesichtspunkt zu betrachten ist.

Die Forderung nach dem systematischen Identifizieren von wertvollem IP öffnet den Blick auf die optimale Verwertung des geistigen Eigentums auch unter finanziellen Gesichtspunkten. IP ist auch unter dem Gesichtspunkt der finanziellen Wertschöpfung zu schaffen, um dem Unternehmen zu ermöglichen, Renditen auch durch rein finanzielle Nutzung von IP zu erwirtschaften (siehe auch: 8.4.5 IP-Transaktionen).

Die Forderung nach Stimulation der kreativen Leistung zur Schaffung von IP deckt sich teilweise mit der nach systematischer und zielkonformer Gestaltung von IP. Gerade aber in diesem Bereich wird das Unternehmen sinnvoller Weise auch auf die Dienstleistung externer Kreativer zurückgreifen (z. B. Namens- und Markenentwickler, Designer etc.).

Die Relevanz eines zu erwerbenden Verbietungsrechts bestimmt sich vor allem nach zwei Kriterien:

- Das **Verbietungsrecht** muss zum einen den „richtigen" Gegenstand haben. Es muss sich auf solche für den Kunden wahrnehmbaren und erkennbaren Angebotsaspekte und Produktfeatures beziehen, die den Kundennutzen konstituieren und für den Kunden kaufentscheidend sind, zumindest die Kaufentscheidung mitherbeiführen.
- Zum anderen muss das **Schutzrecht,** aus dem das Verbietungsrecht resultiert, einen ausreichend großen Schutzumfang haben. Dabei ist ein solcher Schutzumfang anzustreben, dass das Schutzrecht in der Lage ist, in ausreichendem Maß die Mehrwertproposition beim Kundennutzenangebot zu schützen und

damit die gegebene Alleinstellung[12] rechtlich verteidigungsfähig zu machen und so für deren Nachhaltigkeit zu sorgen. Soweit ein einzelnes Schutzrecht dazu nicht in der Lage ist, sondern der benötigte Effekt nur durch mehrere zusammenwirkende Schutzrechte zu erzielen ist, wird der Wirtschaftsbetrieb die erforderliche Mehrheit an Schutzrechten mit jeweils ausreichendem Schutzumfang erwerben. Dabei wird zu beachten sein, dass eine Ausdehnung des Schutzumfangs regelmäßig nur durch eine überproportionale Steigerung der F&E-Kosten erreicht werden kann und auch das nur bis zu einem gewissen Grad. Dem Gebot des vernünftigen Maßes wird genüge getan, wenn der Wirtschaftsbetrieb sich eben darauf beschränkt, Schutzrechte mit einen *ausreichend* großen Schutzumfang zu erwerben.

Unterabschnitte 8.4.3 und 8.4.4 der DIN-Norm: IP-Durchsetzung und IP-Verteidigung

Damit die anzustrebenden Verbietungsrechte (siehe Vorwort und vorstehend 8.4.2) ihre gewünschte Wirkung entfalten können, damit der Wirtschaftsbetrieb von der schutzrechtlichen Absicherung des von ihm gebotenen Kundennutzens ungehindert profitieren kann, ist es unabdingbar, dass die geschützten Rechtspositionen beherzt und konsequent verteidigt werden. Geschieht das nicht, erleidet der Inhaber der Schutzrechtspositionen erhebliche Nachteile, die nach der Rechtsprechung schlechthin sogar bis zur Einbuße des Schutzrechts führen können. Die Möglichkeiten, dieses Ziel zu verfolgen, sind in Abschn. 2.1.2 aufgeführt.

Die IP-Durchsetzung beginnt mit der Begründung tauglicher, qualitativ hochstehender Rechtspositionen. So wird ein nach hohen IPM-Ansprüchen geführtes Unternehmen großen Wert darauf legen, dass es Schutzrechte mit möglichst großem Schutzumfang erwirbt, aus denen mit deutlich größeren Erfolgsaussichten – und geringerem Prozessrisiko – gegen eventuelle Verletzer vorgegangen werden kann als aus „Allerweltschutzrechten".

Strategisch wichtig ist es, dass die Schutzrechte, die den vom Unternehmen angebotenen Kundennutzen „schützen", sekundiert werden von solchen Schutzrechten, die mit den vom Wirtschaftsbetrieb vertriebenen Leistungsergebnissen nicht unmittelbar umgesetzt werden, aber das Erzeugnisumfeld mit „Schutzrechtsbeschlag" belegen, mit dem Ziel, Wettbewerbern die Erbringung eines äquivalenten Kundennutzens zu verbieten, gleich wie dieser technisch realisiert wird.[13]

---

[12]Den konkurrenzlosen unternehmenseigenen Vorsprung beim Kundennutzenangebot.

[13]„Synthetisches Erfinden"; vgl. Wurzer/Grünewald/Berres, Die 360° IP-Strategie (2016), S. 143.

Im Rahmen der IP-Durchsetzung, aber auch der IP-Verteidigung gemäß 5.7, wird der Wirtschaftsbetrieb regelmäßig mit Dritten kooperieren (müssen) im Sinne des Abschnitts 1 „Anwendungsbereich", etwa mit Rechtsanwälten und/ oder Patentanwälten, aber auch Markenentwicklern etc. Insoweit ist auf die Anforderung dieser Norm im Unterabschnitt 4.5.3 zu achten.

Die Art und Weise der Kooperation sowie die erzielten Ergebnisse müssen den Qualitätszielen für das IP-Management entsprechen. Das wird nur möglich sein, wenn die genannten Dritten mit dem IPM des Wirtschaftsbetriebs so genau vertraut gemacht werden und sie dessen strategische Ausrichtung und „Philosophie" verstanden und für die Kooperation verinnerlicht haben.

Unterabschnitt 8.4.5 der DIN-Norm: IP-Transaktionen
Geschützte IP-Positionen werden generell erworben, um sie selbst zu nutzen und Dritten Verbietungsrechte entgegenhalten zu können. Gleichwohl können sich Situationen ergeben, die es sinnvoller erscheinen lassen, Dritte an den Wirkungen solcher Positionen zu beteiligen oder sie gar auf Dritte zu übertragen (IP-Transaktionen). Dabei ist sicherzustellen, dass das objektiv motiviert und kontrolliert erfolgt.

Sämtliche einzelnen Elemente des „Aufbaus des IP-Prozessmodells" sind dem Gewinnen und Verwerten von Informationen verhaftet. Das gilt insbesondere auch für den Prozessbereich der IP-Transaktionen. Bei der Generierung und der Verarbeitung der für eine qualitätsvolle Durchführung von IP-Transaktionen erforderlichen Informationen werden dem Wirtschaftsbetrieb diejenigen Erkenntnisse zugutekommen, die er beim Betreiben entsprechender Managementdisziplinen gewonnen hat, etwa dem betriebseigenen Patent- oder Markeninformationsmanagement.

Ein dem Thema „IP-Transaktionen" zugehöriges Unterthema, das sich wohl zukünftig noch zum „typischen" Teilprozess entwickeln wird, ist die Frage, mit welchen Maßnahmen der Wirtschaftsbetrieb ganz unabhängig von der Hervorbringung von Leistungsergebnissen, die für die Vermarktung erzeugt werden, sein IP finanziell nutzen kann. Soweit ersichtlich, wird dieser Frage in den USA schon seit einigen Jahren mehr Aufmerksamkeit geschenkt, als das in Europa zur gegebenen Zeit der Fall zu sein scheint.[14]

---

[14]Vgl. etwa die Veröffentlichung von Harrison/Sullivan, Edison in the Boardroom (Revisited)/ How Companies realize value from their Intellectual Property (Harrison und Sullivan 2011).

Unterabschnitt 8.5 der DIN-Norm: Freigabe von IP-Leistungen
Gegebenenfalls kann es auch sinnvoll sein, IP-Leistungen einschließlich Schutzpositionen schlicht und einfach frei-oder aufzugeben. IPM-konform sind solche
Vorgänge indes auch nur dann, wenn sie gerechtfertigt sind und kontrolliert
erfolgen.

Nicht vertieft in Abschnitt 8 der DIN-Norm: IP-Administration
Kenntnis haben und den Überblick nicht verlieren: Das sind unverzichtbare
Forderungen an jedes Schutzrechts- und Portfoliomanagement. Diese Aufgaben-
stellung überschneidet sich teilweise mit der nach Abschnitt 8, soweit schon dort
Gestaltungsaufgaben angesprochen werden (IP-Portfoliogestaltung).
     Wichtiger noch ist der Aspekt des „notwendigen Rechtsstands". Letzterer soll
dienen, ebenso wie die Elemente, die ihn ausmachen, nämlich der Umsetzung der
IP-Strategie, die sich an die Gesamtstrategie der Organisation/des Wirtschaftsbetriebs orientiert (siehe Abschnitt 1 Anwendungsbereich). Weder ein einzelnes
Schutzrecht noch ein Portfolio noch der gesamte Rechtsstand als solcher sind je
für sich ein Zweck in sich.
     Entscheidend ist dabei der Gesichtspunkt der Wirtschaftlichkeit unter Kosten-/
Nutzengesichtspunkten. Dabei ist der Nutzenaspekt im Licht der Strategietaug-
lichkeit und -förderung weniger kurzatmig als perspektivisch zu bestimmen.

Ebenfalls nicht vertieft in Abschnitt 8 der DIN-Norm: IP-Risikomanagement
Realisieren sich IP-Risiken, kann das für das betroffene Unternehmen fatal sein.
Verstöße gegen Schutzgesetze können von Rechtsinhabern zumeist mit sofort
wirksamen Verteidigungsmaßnahmen beantwortet werden, die gerichtlich im
Eilverfahren verhängt werden (z. B. einstweilige Verfügungen etwa zur Durchsetzung von Unterlassungsansprüchen). Das kann dazu führen, dass Vertriebs-
oder Expansionsprozesse abrupt und brutal unterbrochen werden, Geschäftsideen
sich in Schall und Rauch auflösen und ganze Geschäftsmodelle konterkariert
werden.
     Die Formulierung dieses Unterabschnitts der Norm stellt klar, dass zu
beherrschende Risiken sich sowohl aus fremdem als auch aus eigenem IP ergeben
können. Die Reihenfolge der Adjektive „fremd" und „eigen" deutet an, dass
Risiken in erster Linie sich aus dem Bestand fremden IPs ergeben; aber Risiken
können auch durch Handlungen oder Unterlassungen im eigenen IP-Bereich
begründet werden. So können Probleme beim Erwerb und der Handhabung
eigener Schutzrechte entstehen. Eigene Markenrechte können z. B. ohne ausreichende, der Markenanmeldung vorhergehende Recherchen durchaus formal
wirksam erworben sein, ohne dass sie allerdings Gewähr dafür bieten, dass der

Markeninhaber von Verfolgung solcher Wirtschaftsbetriebe verschont bleibt, die in Bezug auf das registrierte Zeichen ältere und damit bessere Rechte ggf. auch nicht markenrechtlicher Art besitzen.

Das rechtzeitige Erkennen von Gefährdungslagen ist (über-)lebensnotwendig. Tritt trotz der Maßnahmen des Risikomanagements ein Kollisionsfall ein, erweitert sich dieses Management des Risikos durch ein regelrechtes Bewältigungsmanagement, bei dem Behandlungstechniken und Handlungsweisen zur Lösung von Problemlage angewandt werden können, die bei der Behandlung von Kollisionssituationen gewonnen und erprobt und danach dokumentiert worden sind.

2.9   Abschnitt 9 Bewertung der Leistung (Managementbewertung und IP-Reporting)

Sinn und Zweck der Norm DIN 77006 und des nach ihr ausgerichteten IPM ist nicht nur das Erreichen der möglichen hohen Qualität im IPM, sondern auch die Überprüfbarkeit dieser Zielverfolgung. Die Bewertung der Leistung ist von daher ein zentrales Anliegen der Norm und die Durchführung von Audits wesentlicher Bestandteil eines qualitätsvollen IPM.

Nach den im Normtext der DIN 77006 ausformulierten Zielsetzungen dient das IP-Reporting dem Controlling der Organisation/des Wirtschaftsbetriebs. Die Formulierung stellt klar, dass dem Reporting sowohl eine Kontroll- als auch eine Gestaltungs- und Optimierungsfunktion zukommt. Diese Funktionen übernimmt dann weitergehend das Controlling, das auf den Erkenntnisgewinnen des IP-Reporting aufbauen kann.

Mit der Herstellung von Transparenz und der Erklärung von z. B. suboptimalen Zuständen, Geschehnissen und Entwicklungen in der IP-Welt des Wirtschaftsbetriebs entfaltet das Controlling eine unverzichtbare und qualitativ hochstehende Grundlage für unternehmerische Führungsentscheidungen. Darüber verfügen zu können, muss deswegen ein vorrangiges Führungsanliegen sein. Ein hochentwickeltes Reporting wird den Wirtschaftsbetrieb in die Lage versetzen, den Aufbau, den Einsatz und die Nutzung investierten, auch intellektuellen Kapitals beurteilen zu können.[15]

Der Wirtschaftsbetrieb, der sich entscheidet, ein IPM einzuführen, wird die Leistung und Wirkung des IPM kontinuierlich bewerten müssen, um auf der

---

[15]Vgl. zur Thematik Mittelstaedt (2016), S. 121 ff.

Grundlage der erhaltenen Ergebnisse überhaupt Verbesserungen herbeiführen zu können. Das bereits erwähnte interne Audit ist ein dafür geeignetes Mittel, sofern es systematisch und nach geeigneten Auditkonzepten durchgeführt wird.[16]

Die im Anschluss an die Bewertung der Leistung durchzuführende Bewertung des IPM gemäß 9.3 muss es ermöglichen, eine allfällige Verbesserung dieses Managements herbeizuführen, wenn dessen Fortführung beschlossen wird.

2.10   Abschnitt 10 Verbesserung

Das Ziel des IPM, ein Monopol auf den angebotenen Kundennutzen zu erlangen und im Wettbewerb durchzusetzen (s. Vorwort), wird sich optimal nur unter laufenden Verbesserungen der IP-Managementanstrengungen erreichen lassen. Der Wirtschaftsbetrieb wird hier selbst aufgefordert, die erforderlichen Maßnahmen zur Verbesserung zu ersinnen und durchzuführen bzw. durchzusetzen. Durch Feedbacks aller beteiligten und betroffenen Unternehmensstrukturen und ihrer Angehörigen wird er sich in die Lage versetzen, diese Aufgabe erfüllen zu können. Nach den Anforderungen in Unterabschnitt 10.2 wird die Organisation aufgefordert, Nichtkonformität abzustellen und dafür Korrekturmaßnahmen einzuleiten. Der Unterabschnitt 10.3 der Norm gibt der Organisation auf, an der laufenden Verbesserung seines IPM fortlaufend zu arbeiten.

---

[16]Vgl. dazu Mittelstaedt (2014).

Schlussbemerkung

Die DIN-Norm 77006 „Intellectual Property Managementsysteme – Anforderungen" stellt nicht nur, wie ihr Titel suggeriert, eine Liste von Anforderungen auf, die eine Organisation bzw. ein Wirtschaftsbetrieb erfüllen muss, damit ihm jedenfalls attestiert werden kann, dass sein IPM nicht fehlerhaft installiert und/oder betrieben wird. Sondern diese Norm lässt sich auch als Leitfaden verstehen und nutzen, um solch ein IPM aufzubauen und durchzuführen. Auch das verleiht der Norm ihren großen Wert.

© Der/die Herausgeber bzw. der/die Autor(en), exklusiv lizenziert durch Springer Fachmedien Wiesbaden GmbH, ein Teil von Springer Nature 2020
A. Mittelstaedt, *IP-Management à la Norm*, essentials,
https://doi.org/10.1007/978-3-658-31320-3_3

Was Sie aus diesem *essential* mitnehmen können

- Erkenntnisse darüber, welche vorteilhaften Ergebnisse für das Unternehmen mit einem qualitätsvollen, integrierten IPM entstehen können.
- Aktuelles Know-how, welche Entscheidungen im Unternehmen auf welchen Ebenen betroffen werden müssen, um ein qualitätsvolles IPM im Unternehmen aufbauen und verwirklichen zu können.
- Anregungen zur Überlegung, welche Maßnahmen sachlicher, organisatorischer und personalpolitischer Art im Unternehmen zu treffen sind, um ein qualitätsvolles, integriertes IPM entstehen zu lassen.

© Der/die Herausgeber bzw. der/die Autor(en), exklusiv lizenziert durch
Springer Fachmedien Wiesbaden GmbH, ein Teil von Springer Nature 2020
A. Mittelstaedt, *IP-Management à la Norm,* essentials,
https://doi.org/10.1007/978-3-658-31320-3

Literatur

BGH, Urteil vom 05.08.2002, I ZR 98/00, GRUR 2002, 799, 801 – Stadtbahnfahrzeug

Gabler Wirtschaftslexikon (2018) Geschäftsmodell. https://wirtschaftslexikon.gabler.de/definition/geschaeftsmodell-52275/version-275417. Zugegriffen: 15. Juni 2020

Harrison SS, Sullivan PH (2011) Edison in the Boardroom Revisited. How Companies Realize Value from Their Intellectual Property. 2. Aufl. Wiley, New York

Ingerl R, Rohnke C (2010) Markengesetz. Kommentar. C.H. Beck, München

Mittelstaedt A (2009) Strategisches IP-Management – mehr als nur Patente. Geistiges Eigentum schützen und als Wettbewerbsvorsprung nutzen. Gabler Verlag, Wiesbaden

Mittelstaedt A (2014) IP-Cert: Auditierung und Zertifizierung von Intellectual Property. Wettbewerbsstärke sichern und Unternehmenswert steigern mit effizienten Prozessen. Gabler Verlag, Wiesbaden

Mittelstaedt A (2016) Intellectual Property Management. Geistiges Eigentum als Führungsinstrument und Erfolgsfaktor in der Wissensökonomie. Gabler Verlag, Wiesbaden

Münch P, Ziese H (Hrsg) (2012) Intellectual Property Management. Wie IP aufgebaut, bewirtschaftet und wertschöpfend eingesetzt wird. Schulthess Verlag, Zürich

Stauf (2016) Ganzheitliches Intellectual Property Management im Unternehmen. Gabler Verlag, Wiesbaden

Wurzer AJ, Grünewald T, Berres W (2016) Die 360° IP-Strategie. So sichern Sie Ihren Innovationserfolg langfristig. Vahlen, München

Wikipedia (2020) Intellectual Property Management. https://de.wikipedia.org/wiki/Intellectual_Property_Management. Zugegriffen: 15. Juni 2020

© Der/die Herausgeber bzw. der/die Autor(en), exklusiv lizenziert durch
Springer Fachmedien Wiesbaden GmbH, ein Teil von Springer Nature 2020
A. Mittelstaedt, *IP-Management à la Norm,* essentials,
https://doi.org/10.1007/978-3-658-31320-3

Springer Gabler

springer-gabler.de

Axel Mittelstaedt

Intellectual Property Management

Geistiges Eigentum als Führungsinstrument und Erfolgsfaktor in der Wissensökonomie

EBOOK INSIDE

Springer Gabler

Jetzt im Springer-Shop bestellen:

springer.com/978-3-658-02991-3